Juan Sebastián Bach

Juan Sebastián Bach
Un mundo dentro del mundo

Ilse de Greiff

Greiff, Ilse de
    Juan Sebastián Bach / Ilse de Greiff — Bogotá:
Panamericana Editorial, 2004.
    112 p. ; 21 cm. — (Personajes)
    ISBN 958-30-1403-6
    1. Bach, Juan Sebastián 1685-1750 I. Tít. II. Serie.
927.862 cd 20 ed.
AHU8057

        CEP-Banco de la República-Biblioteca Luis Ángel Arango

Editor
Panamericana Editorial Ltda.

Dirección editorial
Conrado Zuluaga

Edición
Pedro José Román

Diseño, diagramación e investigación gráfica
Editorial El Malpensante

Cubierta: El compositor alemán Juan Sebastián Bach alrededor de 1725.
© Foto: Stock Montage • Getty Images

Primera edición, octubre de 2004
© Panamericana Editorial Ltda.
    Texto: Ilse de Greiff
Calle 12 N° 34-20, Tels.: 3603077-2770100
Fax: (57 1) 2373805

Correo electrónico: panaedit@panamericanaeditorial.com
www.panamericanaeditorial.com
Bogotá, D.C., Colombia

ISBN 958-30-1403-6

Impreso por Panamericana Formas e Impresos S. A.
Calle 65 N° 95-28, Tels.: 4302110-4300355, Fax: (57 1) 2763008
Quien sólo actúa como impresor.
Impreso en Colombia
Printed in Colombia

"Vive como lo harías
para no avergonzarte en el
caso de que se divulgara
lo que haces, aun en el
caso de que fuera mentira
lo que se divulga".

J. S. Bach

Introducción

El hombre-músico

Juan Sebastián Bach es el hombre-músico por excelencia. Al contrario de tantos hombres y mujeres de todos los tiempos y lugares, que viven angustiados sin encontrar sentido a la vida, preocupados por no saber qué quieren, que llenan su aburrimiento y sus dudas con actividades superficiales, Bach siempre tuvo claro lo que quería y vivió acorde con lo que amaba: la música, la religión, la familia y las personas que quisieran unirse a él en el disfrute de la vida, pero, por encima de todo, la música. Alemán hasta la médula, supo combinar la racionalidad y el rigor de los germanos con la profunda sensibilidad estética y la capacidad de asombro de un genuino creador de arte y de belleza.

El "santo"

Afortunadamente, en este mundo a veces chato y desapacible, contamos con una especie de "santos" o de personas que a lo largo de la historia de la humanidad se han destacado por ser un modelo, un paradigma de vida para el resto de los mortales. Uno de ellos, que podría constituirse en nuestro "santo musical" de cabecera, es el "cantor de Leipzig", el compositor Juan Sebastián Bach.

La cumbre del barroco

Bach, culminador de un estilo musical como es el barroco, pasó casi inadvertido en su tiempo. Al morir, era un simple maestro de capilla sin mayores pretensiones, pues le bastaba su propia satisfacción creadora. No le interesaba conservar su nombre ni escribir obras trascendentales ni apoteósicas para la posteridad. Sencillo, práctico, con los pies en la tierra y pleno en su vivencia diaria, era feliz haciendo lo que amaba, y haciéndolo bien, con esa sencillez e ingenuidad que sólo los grandes seres poseen. Por ello quizás, lamentablemente, muchas de sus partituras y manuscritos, que quedaron en poder de sus hijos sobrevivientes (tuvo veinte, pero varios fallecieron siendo niños), con el tiempo se perdieron.

Ana Magdalena sí supo quién era Bach

Nadie pensó en el momento de su muerte que aquel organista había sido el más grande músico que hasta entonces, y posiblemente hasta hoy, a más de 250 años, haya producido la humanidad. Nadie, excepto su esposa Ana Magdalena y unos cuantos contemporáneos. Para perpetuar la memoria de Juan Sebastián ella escribió *La pequeña crónica de Ana Magdalena Bach*, donde, entre otros recuerdos y opiniones, comenta:

Cuando intento enumerar las obras que Sebastián compuso durante su vida, me quedo asombrada de la cantidad. Música para órgano, música de cámara, centenares de cantatas de iglesia, la gran *Misa latina*, las cinco diferentes versiones musicales de la *Pasión de Nuestro Señor según los Evangelios*, los conciertos de violín, el *Oratorio de Navidad*, El *clave bien temperado*, todas las suites y demás música para clave... Cuando las evoco, algún aria encantadora, una fuga para órgano o un trío se pone de pronto a cantar en mi cabeza, por ejemplo: *Mi corazón siempre fiel; Prepárate, Sión*; una melodía de órgano, como la introducción del precioso *Pasacalle*, o la grave y encantadora *Canzona en re menor*, y sumergida en tanta belleza, no puedo seguir escribiendo. El que creó todo eso, nos ha dejado a pesar de que los que lo amamos podemos pronunciar las palabras divinas: "Muerto sigue hablando". Tengo la profunda convicción de que vivirá mientras viva su música. Ya sé que existen ahora nuevas corrientes musicales, y que los jóvenes las siguen, como siguen siempre todo lo nuevo; pero, cuando envejezcan, si son verdaderos músicos, volverán a Sebastián.

Bach, siempre actual

Bach es tan completo y versátil que puede conjugar la rítmica africana, el jazz y el rock de nuestro tiempo, la exaltación religiosa y los trabajos de los dodecafonistas. Así lo entendió el filántropo alsaciano Albert Schweitzer, otro modelo humano, Premio Nobel de Paz y profundo admirador de Bach, quien en el pueblito perdido de Lambaréné, en Gabón, África, combinaba sus trabajos de medicina al servicio de las comunidades más deprimidas con su amor por la música del cantor de Leipzig.

Hay quienes, incluso, llegan más allá y aseveran que Bach es simplemente el inventor de la música. "El Dios de la música es Juan Sebastián Bach", decía el compositor Robert Schumann. "Esta música de Bach posee un carácter astronómico", afirmaba el escritor André Gide. "Ante ciertas obras de Bach, el oyente experimenta una sensación análoga a la que experimentaría asistiendo a la creación del mundo", opinaba el filósofo Nietzsche. Por su parte, el director de orquesta Leopold Stokowski aseveraba que, "dentro de su inmensidad, la música de Bach se desenvuelve en un ambiente de alegría ingenua e inocente. Resulta difícil comprender cómo un alma tan grande como la suya, cómo un mensaje espiritual tan claro y tan profundo, pudieron pasar inadvertidos en su tiempo". De otro lado, el musicólogo y poeta Otto de Greiff le dedica un fragmento de su poema *Sonata en modo mayor*, publicado póstumamente en la antología *Grafismos del grifo grumete* que salió a la luz pública en abril de 2001, y que dice así:

LA VOZ DE BACH

¡Incienso sobre los misales,
y el órgano en las altas catedrales!

Por las naves del templo, en blancas gotas
de nieve y de cristal, serenamente,
de un concierto de Bach el Omnisciente

a los cielos sin fin vagan las notas.
Aire arcaico de gigas y gavotas
empapa la penumbra displicente,
y flota en la negrura del ambiente
una cascada de armonías rotas.
Bajo el ámbito gris y entristecido
como el recuerdo de un cantar dormido
que no despertará, llora el andante
ágatas de dolor nítido y claro,
y los vivos violines se diluyen
en arabescos de fulgor vibrante.
Y al cesar el concierto, del preclaro
órgano colosal, bajo el amparo
de unos dedos de dios, ágiles fluyen
las claras notas de una fuga, llena
de una virilidad noble y serena.
¡Si la canta con voces celestiales
el órgano en las altas catedrales!

Puente entre el pasado y el futuro

Por nuestra parte, consideramos que si hay alguien que haya personificado y desarrollado en su plenitud la música, al menos en el contexto histórico en el que se formó el cantor de Leipzig, es precisamente Juan Sebastián Bach. Es más, por extraño que parezca inicialmente, gracias al legado de Bach se abre la posibilidad de evolucionar hacia la música moderna y contemporánea, pues liberó la creación musical de la rigidez feudal y provinciana que la regía poco tiempo atrás. Así lo intuyó y lo "descubrió" su compatriota Mendelssohn para bien de la posteridad. El legado que nos dejó es más que suficiente para llenar de hermosura nuestra existencia, ojalá cumpliendo la recomendación del gran chelista catalán Pau Casals, de iniciar cada día de nuestra vida escuchando algo de Bach, ya sea una cantata, un concierto brandenburgués, una suite y, en ocasiones especiales, su *Misa en si menor*, su *Ofrenda musical* o su *Magníficat*, sin olvidar sus oratorios y pasiones o las obras para clave o para órgano.

Bach dentro de la historia

Juan Sebastián Bach nació en Eisenach (Alemania) en 1685 y fallece en Leipzig en 1750, es decir, su vida transcurrió entre la segunda mitad del siglo XVII y la primera del XVIII. Durante estos siglos, ¿qué estaba sucediendo en el mundo?

Qué pasaba en América

En Suramérica, y por consiguiente en Colombia, estábamos en plena colonia del imperio español, mientras que en América del Norte se estaba llevando a cabo el enfrentamiento, no propiamente pacífico, entre Gran Bretaña y Francia, las dos potencias colonizadoras de esta zona del Nuevo Continente, y tuvo lugar posteriormente la independencia de Estados Unidos.

En Europa

Rusia era gobernada por Pedro I el Grande, de la dinastía Romanov. En Francia imperaba el absolutismo de Luis XIV y se empezaba a soñar con la utopía de la futura Revolución Francesa. En España, la Guerra de Sucesión, y en Gran Bretaña, una guerra civil compleja. O sea, los tres colonizadores de América no la estaban pasando bien internamente, y cuando las cosas andan mal se gestan cambios para mejorar, cambios que en este caso la historia inmediatamente posterior nos demostró, y a los que contribuyeron de manera indirecta los intelectuales, artistas de la época y creadores como Bach.

En África

Si nos vamos a África, el gran imperio de la Antigüedad, Egipto, vivía la declinación del poder otomano. La asiática Turquía, por su parte, desarrollaba un último esfuerzo para conquistar a Europa.

Qué sucedía en el Viejo Continente

Lutero, Calvino y demás disidentes de la religión católica habían dado paso a la Reforma en el siglo XVI y lo que se vivía en el ambiente era una profunda discordia religiosa. Alemania, la tierra de Bach, estaba dividida política y religiosamente a causa de la autoridad del emperador y de los intentos de secularización y de afirmación del luteranismo y del calvinismo.

Remontémonos al año 1608. Los nacientes protestantes constituyeron una unión evangélica, y en 1609 surgió la Santa Liga del duque de Baviera para hacerle frente. ¿Resultado? La Guerra de los Treinta Años (1618-1648) que dio pie a que las potencias extranjeras aprovecharon para debilitar el poder imperial. Inicialmente el enfrentamiento bélico fue favorable a los Habsburgo, gracias a la derrota de los checos, del conde palatino y del rey de Dinamarca. El emperador Fernando II logró, en 1629, imponer a los príncipes protestantes un edicto de restitución que afectaba todos los bienes que habían sido secularizados (independizados de la Iglesia) desde 1555. Sin embargo, las cosas cambiaron al intervenir Francia en la segunda etapa de la guerra, lo que condujo a los tratados de Westfalia en 1648, que provocaron la división de Alemania en 350 estados, los del norte protestantes, los del sur católicos, cuyas "libertades germánicas" (derechos de paz, de guerra y de alianzas sin someterse a lo que dijera el emperador) eran garantizadas por las potencias de entonces que firmaron tales tratados, en especial Francia y Suecia, que poseían territorios en el interior del imperio. El Sacro Imperio Romano Germánico pasó a ser una "República de Monarquías", con el respaldo de las demás potencias de Europa.

En esta Alemania dividida floreció, no obstante, una cultura cosmopolita entre los siglos XVII y XVIII, los siglos de la vida de Bach. Cuando finalizó la Guerra de los Treinta Años,

Sería necio decir que era hermoso. Pocos de los Bach fueron hombres bellos y, sin embargo, la fuerza de su espíritu se expresaba en sus facciones. Verdaderamente notables eran su frente poderosa y sus ojos, con sus cejas extraordinarias siempre fruncidas, como si estuviera sumido en profunda meditación. Cuando lo conocí, tenía los ojos muy grandes; pero con los años se fueron encogiendo y enturbiando por el sufrimiento y el trabajo excesivo, y los párpados le fueron descendiendo. Su intensa mirada parecía dirigida hacia el interior, lo cual impresionaba mucho. Eran, si me puedo expresar así, unos ojos oyentes, que tenían a veces un resplandor místico. Su boca era ancha y móvil, tenía una expresión de generosidad y en las comisuras de los labios se escondía una sonrisa. El mentón era ancho y cuadrado, como convenía para guardar la debida proporción con la frente. Nadie podía verlo una vez sin volver a mirarlo, pues sobre él flotaba algo extraordinario que se comunicaba a cualquiera que se le acercase, fuese quien fuese.

—ANA MAGDALENA BACH

17

Alemania se vio afectada por una seria crisis económica. Remontándonos un siglo atrás, al XVI, vemos que la principal característica era el ascenso de la burguesía en las ciudades, fortalecida por la industria, el comercio y por el declinar de los nobles, con poco poder adquisitivo.

Volviendo al siglo XVII, fue un período inestable, con oscilación de precios y tendencia a la baja. La destrucción nacida de la guerra estancó la economía. Pero, poco a poco, a finales del siglo, en plena juventud de Bach, comenzó la recuperación y se fortaleció en el siguiente siglo. Los puertos, como Hamburgo, se enriquecieron y la población aumentó. En dicha época fue necesaria la intervención y protección económica estatal en Alemania y en otras partes del continente. Donde más se presentó esta situación fue en Brandenburgo, cuyo elector, Federico Guillermo (1640-1688), transformó este principado medieval en un estado moderno. El sucesor, llamado también Federico (Friedrich), fue coronado rey de Prusia en 1701. A partir de entonces, Alemania padeció la rivalidad de los Habsburgo y de los Hohenzollern por la hegemonía del país. Mientras la católica Austria se alejaba de Alemania y dirigía su interés a Italia y a los países balcánicos y del Danubio, la protestante Prusia se extendía hacia el Rin. La denominación de imperio

El barón Van Swieten, a cuya casa voy todos los domingos, me prestó todas las obras de Juan Sebastián Bach (después de haberlas interpretado para él). Cuando Konstanze oyó las fugas, se enamoró de ellas... Como me escuchaba a menudo improvisar fugas, me preguntó si no había anotado ninguna de ellas, y como le dije que no, me regañó por no atender la música más hermosa que hay en el mundo.

—WOLFGANG AMADEUS MOZART

era cada vez más un hecho puramente nominal, y por otro lado, Federico II de Prusia continuaba su expansión territorial y política.

Proyección en el futuro inmediato

Cuando estalló la Revolución Francesa el 14 de julio de 1789, Alemania continuaba disgregada en buen número de estados muy diversos en extensión, estructura política y concepciones religiosas. El concepto de país que tenemos hoy es bastante reciente en Europa. Alemania, Italia y España, por ejemplo, eran territorios de estados superpuestos. En la actualidad continuamos viendo cómo las antiguas Yugoslavia y Checoslovaquia eran estados "artificiales" con naciones y culturas superpuestas. Los ejemplos abundan en el Viejo Continente.

> El que usted quiera editar las obras de Juan Sebastián Bach es algo que regocija mi corazón, que late todo para el arte sublime y grandioso de este verdadero padre de la armonía. Deseo ver pronto esa empresa en plena actividad. En cuanto abra usted la suscripción, espero aportar yo mismo desde aquí...
>
> —BEETHOVEN (EN UNA CARTA)

De regreso a la época de la Revolución Francesa, hecho histórico que repercutió en Europa y en América, y sigue repercutiendo actualmente con la crisis de la modernidad, Alemania todavía estaba muy lejos de conformarse como nación, pero los principios de la Ilustración tuvieron buen eco entre los intelectuales, simpatizantes de las ideas de Francia.

El ejemplo más significativo es el del filósofo Emmanuel Kant, quien hablaba de que el Iluminismo era la salida del hombre de su minoría de edad, de la cual él mismo es culpable. Pese a esta época de "despotismo ilustrado", Alemania se quedó un poco a la zaga de otros países y su gente todavía no pensaba en oponerse al poder político de los príncipes.

Por el contrario, en toda América se estaban gestando los movimientos de independencia y la época de la colonia iba quedando atrás. La victoria de los ejércitos de la Revolución en Europa y los tratados resultantes, como el de Basilea en 1795, Campoformio en 1797 y Lunéville en 1801 hicieron retroceder los límites occidentales del imperio alemán hasta el Rin y causaron profundos cambios.

Bach dentro de la historia de la música

Contexto histórico musical

Juan Sebastián Bach es el compositor que desarrolla al máximo el estilo barroco y da los primeros pasos hacia el *clasicismo* y la posterior música moderna y contemporánea.

Qué es música clásica

Aquí abrimos un paréntesis: para mucha gente "música clásica" es aquella que no es ni folclórica, ni tradicional, ni popular, sino música "culta" (como si toda música no fuera de por sí una expresión de cultura) o erudita. Música clásica, en el sentido estricto de la palabra, es la música compuesta en el período clásico de la historia, época que va más o menos de 1776 a 1850. Bach, según esto, no es clásico. Pero si recordamos otro significado de clásico, aquel referente a una obra que permanece en el tiempo, supera las modas y los factores circunstanciales por su calidad y su universalidad, Bach definitivamente sí es un clásico, que hoy, a comienzos del nuevo milenio, sigue ofreciéndonos belleza y despertando nuestra capacidad de asombro.

Divisiones de la música

La música se puede dividir por épocas, que incluyen la antigua, la medieval, el Renacimiento, el barroco, el clasicismo, el romanticismo, la música moderna y la contemporánea. Cada etapa tiene subdivisiones y características que no vienen al caso aquí. En cuanto al período barroco, lo podemos ubicar desde principios del siglo XVII hasta bien avanzado el XVIII (1600-1750). ¿Y esa palabreja, "barroco", qué quiere decir? El origen de esta expresión no es muy claro. Posiblemente viene del portugués y significa perla irregular. Barroco es lo excesivamente recargado, ornamentado, complicado; o sea, lo contrario de clásico, que es medido, mesurado, o lo de los estilos minimalistas de hoy. La iglesia de San Pedro en Roma, la corte de Luis XVI en Francia, el museo de Santa Clara en Bogotá, pueden ser ejemplos de barroco. A diferencia de la historia de las demás artes, el barroco en música no viene después del período clásico, sino que lo precede.

Félix... se ha labrado un hermoso recuerdo con las dos ejecuciones de *La Pasión*. Lo que todos soñábamos, en la noche de los tiempos, como una remota posibilidad, es ahora una realidad... *La Pasión* ha hecho entrada en la vida pública y se ha vuelto propiedad de las almas... La gente se asombraba, se embobaba, se entusiasmaba... por el asombro de que existiese tal obra, de la cual nada sabían... El miércoles 10 de marzo tuvo lugar la primera ejecución... Inmediatamente después de la apertura de las puertas se precipitó la gente... y en menos de un cuarto de hora la sala estaba llena... Los coros eran un ardor, de una fuerza tan arrebatadora y en otros momentos de una ternura tan emocionante como nunca los había oído... La sala daba la sensación de una iglesia: el más profundo silencio, un recogimiento solemne reinaba entre el público...

—Fanny Mendelssohn

Formas musicales del barroco

Algunas de las formas musicales del barroco son: La *cantata,* composición lírico-musical para solistas, coro y orquesta, que alcanza su plenitud con Bach. El *oratorio,* cantata de grandes proporciones y de motivos exclusivamente religiosos. La *ópera,* forma de representación teatral con apoyo de la música, iniciada por Monteverdi. La *ópera cómica* o *bufa,* representación teatral y musical de carácter ligero, de la que forman parte las operetas y las zarzuelas. La *pasión,* estilo semidramático con argumento basado en la narración de la pasión de Cristo por parte de los evangelistas. Adquiere su máximo desarrollo con Telemann y Bach. El *coral,* canto típicamente luterano surgido en Alemania después de la Reforma protestante. Era monofónico (Lutero compuso varios) y luego evolucionó a la forma polifónica hasta alcanzar la suma perfección del contrapunto con Bach. El *aria,* melodía para una sola voz acompañada de orquesta. La *canzona,* palabra italiana para la *chanson* o canción francesa, vocal en su origen. Se aplicó posteriormente para la transcripción de obras vocales a instrumentos conservando el estilo vocal. *El ricercare,* pieza

De nuevo comprendí que no acaba nunca uno con Bach, que cuanto más lo escuchamos, más profundo se vuelve... Si escuchamos a Bach, parece como si con la sola palabra hablada no pudiéramos llegar hasta él. La mejor manera de explicar sus obras... es valerse de los medios de la música misma. ¿Y de quién se podría esperar una más fiel y cálida explicación que de aquel que ha dedicado la mayor parte de las obras de su vida a este gran maestro, y que fue el primero en renovar con toda la fuerza del entusiasmo el recuerdo de Bach en Alemania?

—ROBERT SCHUMANN

instrumental de estructura libre, ejecutada en laúd y luego en clavecín y órgano. Ofrece varios episodios que se desarrollan en forma imitativa y contrapuntística. Frescobaldi es el principal cultivador. *El minueto*, antigua danza francesa muy de moda en los salones aristocráticos de los siglos XIV y XV, escrita a tres tiempos. *La gavota*, danza francesa en compás de 2/2. *La giga*, danza antigua de origen inglés y de ritmo vivo. Estas danzas eran incluidas por los compositores barrocos en las suites. *La zarabanda*, danza española tranquila y solemne, citada por Cervantes y cultivada por Bach y Haendel. *El pasacalle*, aire de marcha español. La *chacona*, danza española en tres tiempos. *El concierto*, obra para un instrumento solista con acompañamiento orquestal y desarrollo en tres tiempos. Puede ser concierto doble, para dos instrumentos, o triple, siempre con acompañamiento orquestal. *El concerto grosso*, obra escrita para un grupo de instrumentos solistas que establecen un diálogo con la orquesta en pleno. Vivaldi y Corelli, Bach y Haendel son sus mejores representantes.

Barroco liberador

El barroco libera. Las expresiones artísticas anteriores eran cerradas, rígidas. Las formas abiertas del canon, la fuga, el tema con variaciones, el rondó, son estructuras incompletas que permiten crecer y abrirse, que permiten evolucionar. No hay límites espacio-temporales. Las formas musicales actuales tienen su base en la propuesta barroca.

La música alemana recibe la decisiva influencia italiana, principalmente en el oratorio y en la cantata, aunque también a esta influencia se deben el *concerto* y la ópera. Las óperas italianas se presentan en Salzburgo, Austria (1618), y Viena, la capital, se convierte en la difusora del *stile rappresentativo italiano*. Alemania, Munich, Hamburgo y Leipzig son centros de montajes dramáticos. El músico alemán más característico del siglo XVII, Heinrich Schütz (1585-1672), nacido cien años antes que Bach , compuso música religiosa con clara influencia italiana antes de adquirir un estilo propio. En sus *pasiones*, así como en las del compositor Thomas Selle (1599-1663), se nota el inicio de las obras netamente alemanas de Bach y de Haendel.

Así como la esfinge de rostro humano aspira a salir de su cuerpo de animal, así tiende la noble cabeza de Bach a salir fuera de su peluca... Él es la historia de la vida interior del genio alemán durante el espantoso siglo del oscurecimiento del pueblo alemán... Este maestro, arrastrándose como miserable organista por pequeños pueblos de Turingia... tan inadvertido que fue necesario un siglo entero para desenterrar sus obras del olvido... edificó un mundo increíblemente grande... Es imposible indicar con ninguna comparación su riqueza, su carácter sublime y su significado.

—RICHARD WAGNER

La familia Bach

Desde el siglo XVI hasta principios del XIX, la familia Bach produjo gran número de músicos de todo tipo (85 en 7 generaciones): desde violinistas ambulantes y músicos callejeros, hasta organistas, cantores, músicos de corte y maestros de capilla. El más grande de todos fue, desde luego, Juan Sebastián Bach, aunque fueron notables otros de generaciones anteriores, contemporáneos suyos y algunos de sus descendientes.

La familia Bach vivió y trabajó en Alemania central, principalmente en Turingia, con los ducados y principados sajones de Eisenach, Gotha, Meiningen, Weimar, el condado de Schwarzburg-Arnstadt y la ciudad de Erfurt, perteneciente al electorado de Mainz (Maguncia). La región estaba muy dividida política y culturalmente por las razones históricas antes expuestas. Dichas condiciones favorecieron un rico desarrollo musical para el lucimiento de las pequeñas cortes de esta cuna del luteranismo. La ascensión y el declive de la familia Bach, como los de otras familias de músicos, tienen profunda relación con estas condiciones sociales de rápida expansión de la música hacia finales del siglo XVI y con la posterior decadencia de las instituciones musicales, como las orquestas cortesanas, las bandas de flautistas citadinas y los coros de iglesia, ante la cultura popular de los burgueses, cada vez más creciente a finales del siglo XVIII.

Es tal la belleza del andante del *Concierto para violín* de J. S. Bach que, sinceramente, no sabe uno cómo ponerse ni qué postura adoptar para hacerse digno de oírlo. Nos obsesiona aun mucho después y nos extraña, al andar por las calles, que el cielo no se haya vuelto más azul y que el Partenón no surja de la tierra.

—CLAUDE DEBUSSY

La vida musical de Turingia se desarrollaba a pequeña escala, pero en forma variada. La región —acaso como consecuencia de la Guerra de los Treinta Años— no tenía ningún centro importante, como puede ser una gran ciudad o corte con numerosa compañía de ópera, de ahí que no ofreciera especial atractivo a los músicos destacados. Lo que dio a los miembros de la familia Bach una posición preeminente en la vida musical local fue, precisamente, la tradición en el campo de la música, que se remonta a varias generaciones atrás.

Música de padres a hijos

Esta inusitada concentración de talento musical en una sola familia y territorio ha despertado, de tiempo atrás, el interés de investigadores y especialistas en genealogía, herencia o talento. La permanente manifestación de este talento musical a lo largo de varias generaciones (cuya cúspide es Juan Sebastián Bach), con un número de miembros eminentes de la familia que va en aumento para luego descender bruscamente, es, y sigue siendo, un fenómeno único. El desarrollo de semejante pléyade de músicos tiene como condición esa tradición que se remonta a la Edad Media, donde el oficio del padre se transmite por generaciones, y que desarrolla la práctica en determinada actividad, de suerte que la profesión de músico era virtualmente prescrita, desde la tierna infancia, a los miembros varones de la familia. La instrucción musical se impartía casi siempre dentro del grupo familiar o familia amplia, como una especie de tradición "oral" de padres, hermanos, tíos, primos y parientes más lejanos.

En el mismo Bach lo vemos, por ejemplo, cuando enseñó a seis de sus parientes (Johann Lorenz, Johann Bernhard, Johann Elías, Johann Heinrich, Samuel Antón, Johann Ernst), así como a sus propios hijos. Carl Philipp Emmanuel tomó a su cargo a su hermano menor Johann Christian, y Wilhelm Friedemann enseñó a su pariente Johann Christian. Varias de sus composiciones tuvieron un fin didáctico, actividad con la que disfrutaba mucho Juan Sebastián. En cambio, los estudios fuera de la región o los viajes educativos no eran frecuentes, aunque los hijos de Caspar, Johann Nicolaus y Johann Christian fueron a Italia con ese propósito. En tales circunstancias, incluso el viaje de Juan Sebastián a Lübeck para estudiar con Buxtehude hay que verlo como una excepción, nacida de su admiración por este predecesor.

En un medio tan provinciano y cerrado eran frecuentes los matrimonios entre familias de músicos. La posición social común, la interdependencia profesional y los intereses musicales creaban una estrecha unión, y en el caso de los músicos, considerados como "marginales" (durante el siglo XVII los músicos de rango inferior casi nunca tenían derecho a la ciudadanía), constituía un factor importante en la solidaridad familiar. Las severas actitudes religiosas influían también significativamente. Con el fin de estrechar vínculos, con frecuencia se celebraban reuniones familiares que debían parecerse a pequeños festivales de música.

Familia en torno a la música

La familia tenía clara conciencia de su legado de una tradición musical. Tal conciencia fue la que expresó Juan Sebastián en carta a G. Erdmann (28 de octubre de 1730), en la que se refería a sus hijos como músicos natos; y en fecha tan temprana como el año de 1732, J. G. Walter en su *Musicalisches Lexicon*, obra que contenía la primera biografía breve de Juan Sebastián, hacía expresa referencia a las raíces del gran maestro nacidas de una insólita familia de músicos. Fue el propio Juan Sebastián quien llevó a cabo investigaciones serias acerca de la historia de la familia y su herencia musical. Su genealogía familiar, redactada en 1735, es, incluso hoy, el documento más digno de confianza sobre la historia de la familia, especialmente en lo que atañe a las primeras generaciones. (Se ha perdido el manuscrito original del documento, pero se conservan varias copias, entre ellas una de particular importancia que data de 1774-

> Sebastián Bach es para mí principio y fin de toda música: en él descansa y se basa todo verdadero progreso. ¿Cuál es (perdón, debería ser) el significado de Bach para nuestra época? El de remedio vigoroso, inagotable... para aquellos compositores y músicos enfermos de un "Wagner mal entendido" y... para aquellos que padecen de "parálisis perniciosa"... El hecho de que Bach haya sido olvidado durante tanto tiempo es el más grande papelón que ha cometido la "sabiduría crítica" de los siglos XVIII y XIX.
>
> —MAX REGER

1775, escrita para Forkel por Anna Carolina Philippina Bach, con añadidos de su padre, Carl Philipp Emmanuel). Además, el patrimonio de Juan Sebastián comprendía una colección manuscrita de obras compuestas por los más importantes miembros anteriores de la familia. Esta colección se perdió durante la Segunda Guerra Mundial, pero sobrevivieron otros manuscritos aislados. Cierto número de anotaciones son del puño y letra de Johann Ambrosius, lo que da a entender que fue él quien inició la colección que más adelante Juan Sebastián reordenara, añadiendo a la misma algunas nuevas páginas titulares y poniéndola en condiciones de ser utilizada, como la escritura de algunas partes instrumentales.

Origen de la familia Bach

El origen se remonta a Veit, a mediados del siglo XVI. No obstante, hasta la generación de los nietos de Veit mucho es lo que permanece oscuro, y la carencia de documentos de archivo de libros de registro de iglesias y otros lugares hace imposible profundizar sobre este período de la historia de la familia. La suposición que suele citarse de que Veit era hijo de Hans resulta dudosa, pues dicho Hans, cuyo rastro nos lleva a Wechmar hacia 1561, debió ser un hermano, un primo u otro pariente. No se sabe nada de su profesión. Aunque Hans es el primero en llevar el apellido Bach en Wechmar, de este hecho no se pueden sacar mayores conclusiones. En aquellos tiempos el apellido Bach —que traduce *arroyo*— estaba muy extendido en la región de Turingia, y sus orígenes se sitúan en el siglo xiv, si bien no existen pruebas de que estos primeros miembros de la familia se ocuparan de actividades musicales. El documento de origen dice que Veit (panadero de oficio) era aficionado a tocar una especie de cítara pequeña. Hay una explícita frase adicional —"esto constituyó, por así decirlo, el comienzo de la música en sus descendientes"— que probablemente indica que ninguno de los ancestros de Veit fue un profesional de la música, como tampoco lo fue el propio Veit. Lo más probable es que Veit se hubiera visto obligado a salir de Moravia a Eslovaquia alrededor de 1545, debido a la expulsión de protestantes bajo la Contrarreforma. La referencia a Hungría en el documento sobre los orígenes no debe tomarse al pie de la letra ni con la terminología de la época. En general, debe referirse a los territorios centrales del imperio de los Habsburgo (que en la actualidad incluyen Austria y la antigua Checoslovaquia). Veit fijó su residencia en Wechmar —pequeña ciudad situada entre Gotha y Ohrdruf— y debió morir hacia 1577, puesto que para ese año sus hijos Johann y Lips ya figuraban registrados como propietarios de casas en Wechmar. Contrariamente a la opinión común (basada en la suposición de que Hans era el padre de Veit), Veit no emigró de Wechmar a Turingia, sino que nació en Moravia o Eslovaquia, y era hijo de un emigrante de Pressburg (hoy Bratislava). Se han podido detectar allí varias personas de apellido Bach, así como en otros lugares de los territorios habsburguenses de los siglos xvi y xvii, entre los cuales se encuentran músicos como el violinista y bufón Johann, o Hans, Bach.

Otro Bach de la rama Veit murió en Wechmar en el año 1619; no se conoce ningún otro dato sobre él y no hay que confundirlo con Veit, cabeza de la rama de Wechmar de la familia Bach; es posible que fuera hijo de Veit o de Hans. En el siglo XVI y a principios del XVII, en Turingia hubo ramas de la familia que, directa o indirectamente, se relacionaban con la de Wechmar, y en las que en ocasiones se encuentran músicos (por ejemplo, Eberhard Heinrich Bach, hijo de un tal Heinrich Bach, trompeta procedente de Rohrborn, cerca de Erfurt, el cual se fue a los Países Bajos y, alrededor de 1598, emigró a Indonesia). Sin embargo, el relato del origen se circunscribe a un círculo más reducido, el de la familia musical de los Bach.

De vez en cuando la Providencia envía héroes que empuñan con mano de hierro, purifican, transfiguran y, en definitiva, reestructuran hasta alcanzar lo sublime la rutina artística cómodamente heredada de discípulo en discípulo, de manera que aquella vuelve a surtir efecto y a convertirse en ejemplo y en arte nuevo lleno de vigor juvenil durante largo tiempo, golpea con mano de gigante a su época y encumbra al héroe, del que ha surgido, en la cima de la estética de su tiempo... Sebastián Bach es uno de esos héroes. Produjo innovaciones tan acabadas en su género que sepultó casi en el olvido a sus antecesores: sí, fue lo bastante excepcional como para relegar a su contemporáneo Haendel a otra época.

—Carl Maria von Weber

Johann Bach, hijo de Veit, fue el primer miembro de la familia que habría de recibir un completo adiestramiento musical, y que seguiría la carrera de la música, aunque también se dedicaría a otras actividades. Sus hijos fueron los primeros que se consagrarían exclusivamente a la música. Al aceptar puestos asalariados se convirtieron en sedentarios y diferentes de los músicos no organizados (o "violinistas de taberna"), y dieron de esta forma el primer paso hacia la ciudadanía, aunque el trasfondo ambiental continuó obrando sus efectos.

Los rastros se pierden

Surgen dificultades genealógicas en torno a una serie de miembros de la familia que de algún modo se hallaban vinculados con la rama principal de Wechmar, pero cuya precisa extracción sigue sin aclararse. De hecho, el documento sobre el origen de los Bach presenta un vacío en lo concerniente al hermano de Johann. No se da un apellido, pero se menciona su oficio (alfombrero) y se da una breve descripción de sus hijos. Esto ha conducido a una confusión entre los miembros de la familia, Caspar y Lips. Según el documento, los hijos del hermano de Johann visitaron Italia, lo que sólo puede referirse a los hijos de Caspar, quienes, como ha quedado establecido, fueron animados a realizar dicho viaje por el conde de Schwarzburg-Arnstadt. Además, Caspar tenía un hijo ciego, Heinrich, que debió ser sin duda el "ciego Jonás" mencionado en el documento; y los ancestros de Johann Ludwig, vinculados al hermano de Johann, sólo pueden estar emparentados con Lips. Así, pues, o bien Johann tuvo dos hermanos, o Caspar y Lips tienen que ser parientes tan cercanos que la tradición

Esta semana he oído tres veces la *Pasión según san Mateo*, y en todas me invadió la misma sensación de admiración ilimitada. Aquel que ha olvidado el cristianismo oye aquí resonar los verdaderos ecos del Evangelio.

—Friedrich Nietzsche

familiar bien pudo confundirlos. Al parecer, los descendientes de Lips fueron agricultores. La relación entre Andreas y Lips se desconoce: Andreas fue concejal de Themar, y su hijo Johann fue cantor y luego vicario, como lo fueron varios de sus descendientes. En la relación del origen, Johannes Poppo, hermano de Johann Stephan, figura como clérigo, y el hecho de que Georg Michael asistiera a sus exequias en 1738 indica que ambos provenían de ramas de la familia muy próximas. Lo más probable es que las dos ramas tuvieran un origen común en Lips.

Los *"hombres-orquesta"*

Casi todos los Bach fueron básicamente instrumentistas, en especial clavecinistas, pero, prácticamente, interpretaban todos los instrumentos, y siguiendo la auténtica tradición del flautista pueblerino, la mayoría de los Bach aprendió a tocar diversos instrumentos, y algunos de ellos también se dedicaron a su fabricación, como Johann Michael, Johann Günther y Johann Nicolaus. Este interés por la calidad y el funcionamiento de los instrumentos, junto con la destreza como ejecutante, es muy evidente en Juan Sebastián, quien fue un gran experto en el órgano, fuera de propiciar el desarrollo de otros instrumentos de la época. Asimismo, expuso sus críticas constructivas al primitivo pianoforte de Silbermann.

Los Bach de los primeros tiempos se concentraron, en su mayoría, en el aprendizaje y el uso práctico de los instrumentos. En cambio, las labores de composición ocupaban un segundo lugar y se reservaban a los más hábiles y de los que se esperaban que produjeran música. Por eso, entre los Bach del siglo XVII se buscaban organistas, y ni siquiera un miembro de la familia tan eminente como Johann Ambrosius escribió alguna composición. Sea como fuere, la composición debió ser una actividad secundaria para el trompeta de la corte, si acaso llegó a componer, mientras que sus dos primos, los organistas Johann Christoph y Johann Michael, sí eran compositores de lleno. Sus obras vocales no estaban concebidas inicialmente para el uso litúrgico porque ésta era tarea del cantor. Así, escribieron, en su mayor parte, motetes fúnebres, lo que, sin duda, constituía una labor extra bien pagada.

Bach = *músico*

Hacia finales del siglo XVIII la familia musical se había extendido tanto por la región de Turingia que el apellido Bach llegó a considerarse como sinónimo de "músico". En muchas localidades, especialmente en Erfurt y Arnstadt, donde desempeñaban los principales cargos de músicos, ya se sabía que el sucesor de un puesto que un Bach dejara vacante iba a ser otro Bach. Cuando Johann Christoph partió de Arnstadt, su hermano menor, Johann Michael lo remplazó; el puesto de Juan Sebastián en Mühlhausen fue a parar a su primo Johann Ernst; y el que ocupaba Johann Christoph llegó incluso a pasar de mano en mano durante dos generaciones. La solicitud que hizo Carl Philipp Emmanuel del puesto de su padre de cantor de la iglesia de Santo Tomás, en 1750, no hace más que seguir la tradición. Sin embargo, tal sucesión automática de puestos musicales se fue complicando cada vez más, por tanto, los medios de subsistencia de los Bach empezaron a desmoronarse.

Habiendo partido de la raíz de un simple violinista, la familia Bach llegó a alcanzar poco a poco todos los niveles posibles dentro de la música en las tres esferas de la actividad musical de su tiempo centradas en la corte, la ciudad o la iglesia, en los cargos habituales de músico de la corte, maestro de concierto de la corte o maestro de capilla, director de la orquesta de la ciudad, organista o cantor.

La música empieza a declinar

A mediados del siglo XVIII, los cambios sociales habían afectado la estructura de cada una de estas áreas y roto los esquemas que durante tanto tiempo habían regido las vidas de la familia Bach. Además, los hijos de los Bach, en ese momento pertenecientes a la clase media, se veían ante otras oportunidades profesionales completamente distintas, en razón de sus nuevos niveles educativos. El antiguo esquema heredado de la Edad Media, donde los oficios se transmitían de padres a hijos, había cambiado en vísperas de la Edad Moderna, y en el caso de la familia Bach casi todos los miembros de la generación de los hijos de Juan Sebastián fueron a la universidad y se les abrió un mundo con más perspectivas aparte de la música. Así las cosas, es natural que fuera más reducido el número de los que tomaban la música como profesión. Varios miembros de la familia se enfocaron hacia otros campos artísticos, como la pintura. Los descendientes de Johann Ludwig fueron pintores de la corte, y Johann Sebastián, hijo de Carl Philipp Emmanuel, estudió con el amigo de Goethe, Adam F. Oeser, y fue un paisajista enormemente reconocido que se trasladó a Italia y murió en Roma a la edad de treinta años.

Si tomamos en cuenta la proliferación de las dotes musicales a lo largo de más de seis generaciones de la familia Bach, puede parecer sorprendente, aunque comprensible a la luz de los desarrollos históricos, que en 1843, con ocasión de la ceremonia del descubrimiento, frente a la iglesia de Santo Tomás de Leipzig, del monumento a Bach, donación de Mendelssohn, Wilhelm Friedrich Ernst fuera el único representante de una familia musical con una tradición de más de 250 años.

Árbol genealógico de Juan Sebastián Bach (abreviado)

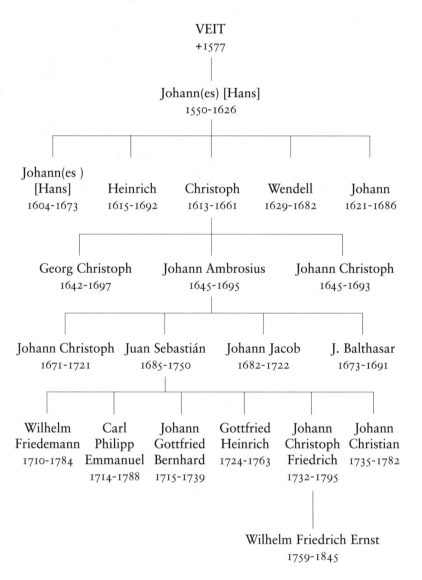

VEIT
+1577

Johann(es) [Hans]
1550-1626

Johann(es) [Hans]	Heinrich	Christoph	Wendell	Johann
1604-1673	1615-1692	1613-1661	1629-1682	1621-1686

Georg Christoph — Johann Ambrosius — Johann Christoph
1642-1697 — 1645-1695 — 1645-1693

Johann Christoph — Juan Sebastián — Johann Jacob — J. Balthasar
1671-1721 — 1685-1750 — 1682-1722 — 1673-1691

Wilhelm Friedemann 1710-1784 — Carl Philipp Emmanuel 1714-1788 — Johann Gottfried Bernhard 1715-1739 — Gottfried Heinrich 1724-1763 — Johann Christoph Friedrich 1732-1795 — Johann Christian 1735-1782

Wilhelm Friedrich Ernst
1759-1845

Vida y obra

Juan Sebastián Bach, el octavo hijo de Johann Ambrosius Bach (1645-1695) y Maria Elisabeth Lämmerhirt (1644-1694), nació en Eisenach (Alemania) el día de inicio de la primavera en los países del hemisferio norte, el 21 de marzo de 1685, en el seno, como decíamos, de una familia de conocido arraigo musical, cuyos miembros se ganaban la vida como músicos de pueblo, organistas y cantores, y la cual se remontaba al siglo XVI. Esta familia se distinguió siempre por un carácter obstinado, en defensa de su independencia artística. Había producido músicos por varias generaciones, algunos de ellos, en particular Johann Michael y Johann Christoph, primos de Johann Ambrosius. Esta familia tenía un monótono hábito de repetir nombres. Su apellido figura unido a la música durante 200 años, desde el comienzo de la Guerra de los Treinta Años hasta la mitad del siglo XIX.

El padre de Juan Sebastián, hermano gemelo de Johann Christoph, vivió en Eisenach desde 1671 y se desempeñó como intérprete de cuerdas, flautista de pueblo y trompetista de corte, es decir, llegó a ocupar el más alto nivel de un músico urbano. En 1698, se casó con Maria Elisabeth Lämmerhirt, de Erfurt, quien también creció dentro de una familia musical.

Bach y Lutero

Bach ingresa a los ocho años a la Georgenschule, la misma escuela de latín de su ciudad natal de Eisenach, Turingia, a la que asistiera Lutero 190 años antes, y el mismo lugar donde el reformador protestante tradujo el *Nuevo Testamento* al alemán. Aunque Bach pertenece al Chorus Symphonicus de la escuela, pues posee una estupenda voz de soprano, circunstancia que al decir de los maestros le priva de horas de clase sustituidas por las muchas horas de ensayo, realiza progresos tan notables en el conocimiento de la lengua latina que no tarda en superar a su hermano Juan Jacobo, tres años mayor que él. Por lo demás, siempre será un alumno precoz, que no se inmuta ante la estricta disciplina escolástica.

> Bach vivió en una época que transformó la música europea. Dos mundos colisionaron: el viejo mundo de la música sacra polifónica medieval y el nuevo mundo del *Lied* y de la danza, y de este último, merced a la labor creativa de los hijos de Bach, surgiría más tarde el mundo clásico de la sonata y de la sinfonía. El mérito de Juan Sebastián Bach reside en haber comprendido y fusionado ambos mundos.
>
> —Edwin Fischer

El huerfanito Juan Sebastián

Pero no todo es color de rosa, pues a los nueve años se produce un desastre. Su madre fallece de repente. Ya unos meses antes, en agosto de 1693, el padre se había visto gravemente afectado por la muerte de su hermano gemelo en Arnstadt, al que amaba tiernamente. Esta segunda desgracia deja sin amparo al buen hombre, quien, solo, debe responsabilizarse de la casa. Su única hija, que acaba de casarse con un ciudadano de Erfurt, ya no puede ayudarlo, y él tampoco dispone de medios para procurarse una sirvienta. Así las cosas, seis meses después de la muerte de Maria Elisabeth, en noviembre de 1693, vuelve a casarse con una mujer que ya había enviudado dos veces, Barbara Margarita Keul. No obstante, es demasiado tarde. La salud del padre de Juan Sebastián se resiente. Muere al cabo de dos meses, el 31 de enero, y la familia se ve obligada a dispersarse.

Juan Sebastián, luchando desde niño

Juan Sebastián y otro hermano fueron a vivir con su hermano mayor, Juan Cristóbal, a Ohrdruf, donde residieron cinco años (1695-1700) ¿Qué hizo el niño huérfano Juan Sebastián para continuar desarrollando su pasión por la música? A escondidas, a la luz de la luna, copiaba partituras para aprender a escribir notas, hasta que su hermano Juan Cristóbal lo descubrió.

Juan Cristóbal era organista de la iglesia de Michaeliskirche de Ohrdruf desde 1690. A pesar de ser un músico competente, nunca realizó una carrera destacada. Fue alumno de Johann Pachelbel, famoso turingio de Erfurt, con influencias italianas, quien, a su vez, influyó profundamente en Juan Sebastián. Juan Cristóbal se hace cargo de la formación musical de su hermanito y le da las primeras clases formales de teclado. Dado el talento tradicional de la familia Bach, es de suponer que Juan Sebastián fuera un músico versátil y adelantado para su edad. También asistió al liceo en Ohrdruf y aprendió latín y canto en el coro escolar. Así empieza una preparación ardua. El hermano mayor, pese a la alta estima que merece por parte de los notables de Ohrdruf, sólo percibe, igual que su padre, unos modestos ingresos. No obstante, como para esta familia la ayuda mutua es una ley natural, se afana por alimentar a sus hermanos y mantenerlos en el "buen camino" a condición de que cada uno contribuya a incrementar la renta general, de modo que el pequeño Juan Sebastián paga su cuota como puede: canta en los coros, a cambio de una suma de 45 florines y una porción de arroz y leña y asiste a la escuela. No se arredra ante rudas obligaciones, y, además, aprende a hacerse remunerar. *Canto y me dais tantos florines.* Simple relación de causa-efecto que nos deja absortos en un niño de su edad y de su tiempo. Pensemos que si no hubiera obrado de tal forma, uno de los mejores genios de la humanidad no habría sido lo que fue. Para él, la vía que lleva hacia Dios pasa primero por los hombres.

Bach adolescente

Ya a los catorce años, tres antes de lo que se acostumbra, recibe en la escuela el grado de *senior*. Su hermano le enseña a tocar el clavecín y le da las primeras lecciones de composición. Juan Sebastián aprende en secreto y a la luz de la luna, como decíamos, a escribir música, copiando una colección de partituras que su hermano no le hubiera permitido estudiar.

Por desgracia, el "delito" es descubierto y las copias le son confiscadas, y no logra recuperarlas sino a la muerte de su hermano en 1721. Sus mayores hallazgos los realiza de forma autodidacta. Aquellos años en Ohrdruf dan al muchacho una práctica del órgano y un conocimiento de la música para este instrumento —al menos de la escuela del sur de Alemania, acaudillada por Johann Pachelbel— muy superior a lo corriente.

Cuando su hermano no pudo sostenerlo más, el 15 de marzo de 1700, se fue a Lüneburg para ganarse la vida, junto con su amigo de colegio Georg Erdmann. De acuerdo con una antigua norma, los niños de padres pobres podían asistir a la escuela de latín y pagar cantando en el coro de Michaeliskirsche (iglesia de San Miguel). Los dos muchachos, que todavía no habían cambiado de voz, formaron parte del coro matinal y hasta recibieron algún estipendio.

> He aquí lo más valioso de la herencia musical de Bach: la contemplación última de la perfección que le es posible al hombre, y el conocimiento del camino que nos conduce a ella: la ejecución inevitable y consciente de algo que se reconoce como necesario, pero que para llegar a la perfección, tiene que trascender cualquier asomo de necesidad.
>
> —Paul Hindemith

Aparte de la necesidad económica, la escogencia de Bach de este coro puede verse como un paso consciente hacia el progreso de su carrera musical. Al cambiar de voz, trabaja como instrumentista acompañante y gana algún dinero, también tocando en bodas y entierros. De hecho, esta escuela de San Miguel contaba con una tradición musical significativa y estaba provista de una biblioteca musical a la que el connotado cantor Emmanuel Praetorius

(1623-1695) había agregado muchos importantes manuscritos e impresos. Sumando todo, a la muerte de Praetorius la biblioteca contenía 1.102 títulos de unos 165 compositores. Posiblemente a ello se deba la legendaria erudición de Bach y su profunda familiaridad con la tradición coral alemana del siglo XVI. Fuera de música, Bach aprende retórica, lógica, latín, griego, teología luterana y francés. Se apasiona por la literatura francesa y por la aristocracia gala. El profesor francés Thomas de la Selle, alumno de Lully, le enseña a bailar, le da a conocer sonatas y conciertos de moda en Versalles y lo lleva a la corte de Celle por un tiempo. Así conoce a hugonotes expulsados por el Edicto de Nantes y se familiariza con obras como las de François Couperin, *el Grande*, que le fascinaron.

El órgano, su primer instrumento

Al final del período en Lüneburg ya Bach es un virtuoso del órgano con cierto renombre. Puesto que era imposible que sus habilidades en este sentido provinieran de la tristeza de sus circunstancias de niño huérfano y pobre, debió contar, aparte de su preparación temprana en el seno de su familia, con todas las oportunidades de tocar el teclado en Lüneburg. Nada se sabe, pero es probable que haya tomado clases con el viejo Georg Böhm, del mismo origen turingio de Bach. Otra influencia importante fue Johan Adam Reinken, el organista de setenta y ocho años de la iglesia Katharinenkirsche de Hamburgo, tal vez el antiguo maestro de Böhm. Bach viajó

a Hamburgo muchas veces para familiarizarse con el trabajo de Adam Reinken. En las vacaciones del verano de 1701
caminó hasta Hamburgo (48 kilómetros hacia el norte) para
oírlo. Reinken, de origen holandés, venía de la escuela de los
grandes compositores holandeses del siglo XVII. El organista
de Amsterdam, Sweelink, de la misma escuela, tenía mucha
influencia de la técnica virtuosística inglesa de las variaciones.
De ahí recibió Bach la influencia francesa e, indirectamente,
la inglesa. También se hizo amigo de Buxtehude y recorrió
casi 400 kilómetros a pie hasta Lübeck para escucharlo.

Su primer trabajo

Hacia la Pascua de 1702, ya de 17 años, Bach sale de Lüneburg, posiblemente en el cargo de organista de Sangerhausen,
gracias al espaldarazo del duque Saxony-Weissenfels, en un
cargo bajo de lacayo y violinista de Juan Ernesto, hermano
del duque de Weimar, y luego se traslada a Arnstadt, donde
obtiene su primer trabajo serio.

En agosto de 1703 Bach es contratado como organista de
la Neue Kirsche —que en 1935 pasó a llamarse iglesia Bach—
y se convierte en el mejor organista de su tiempo, con un
sueldo que jamás soñó su hermano mayor. Ya era un joven de
buen porte, aristocrático, sin las crisis que suelen producirse
en los adolescentes. Tal vez porque desde muy niño le tocó
asumir roles de adulto, sabe afrontar todos los escollos que
se le atraviesan sin dejarse alterar. Es fuerte, fisiológica y psi-
cológicamente. Es de los seres privilegiados que ama lo que

hace y hace lo que ama. Pasa noches enteras estudiando violín o frente al teclado, sin fatigarse ni claudicar. Es racional, juicioso, organizado, pero también apasionado y en plena juventud. ¿Cómo anda su corazón?

Bach enamorado

En octubre de 1705 le dieron un mes de permiso para regresar a Lübeck a los conciertos de Buxtehude. Pero se demoró cuatro meses en volver. A comienzos de 1706 se le acusa de realizar extrañas variaciones a los salmos y dejar entrar a tocar música en la iglesia a una joven desconocida. La muchacha en cuestión era su prima lejana Ana Maria Barbara Bach, huérfana también, casi de su misma edad, y apasionada igualmente por la música. ¡Feliz combinación de erotismo y sensibilidad estética! A los dieciocho meses se casan, el 17 de octubre de 1707. En ese entonces Bach ya vivía en Mühlhausen.

Fuera de la admiración que los compositores Buxtehude y Pachelbel despiertan en el joven Bach, ¿de qué manera influirán en sus composiciones?

Después del tratamiento *motivista* de la coral de Pachelbel, según la denominación de Schweitzer, que consiste en tratar con la mayor frecuencia en estilo fugado las distintas secciones de la melodía tradicional y después del tratamiento *colorista* de Reinken o de Böhm, en donde la melodía de coral se parafrasea con más o menos libertad, Bach descubre con Buxtehude una nueva forma, la más libre de todas, y una de las más seductoras, que es la fantasía de coral: forma en donde la melodía, diversamente seccionada, aparece en una u otra voz mientras se ejecutan motivos secundarios que sólo mantienen relaciones muy lejanas con la melodía propiamente dicha.

Aburrido de que quieran coartar su libertad creativa en Arnstadt y de que se molesten porque lleva a Ana Maria Barbara a cantar a la iglesia, Bach cumple apenas su trabajo y a la primera oportunidad se marcha.

La etapa de Mühlhausen

La oportunidad fue la muerte de Johann Georg Ahle, organista de Mühlhausen, acaecida en diciembre de 1706. El siguiente mes de abril Bach se presentó a manera de prueba como organista, y quizá también con la cantata *Christ lag in Todesbanden (Cristo yacía en los lazos de la muerte)*, escrita precisamente para la época de pascua. Es nombrado en junio, y, gracias a la herencia de su tío Tobías Lämmerhirt, logra casarse con su prima segunda Maria Barbara Bach, como ya mencionamos.

Bach es feliz y lo demuestra en su desbordante música. El contrato sólo contempla encargarse de los órganos de San Blas, pero eso no le basta, y asume toda la música de la iglesia renovando el repertorio y complementando el coral con ritornelos y con investigaciones sobre la manera de ejecutar música en otras iglesias. Igualmente asume la reparación y construcción de órganos.

JUAN SEBASTIÁN BACH

Profundo creyente

Sin embargo, con el tiempo, Bach estaba insatisfecho con las posibilidades musicales de la iglesia de Mühlhausen, sobre todo por la disputa teológica entre pietistas y ortodoxos luteranos, de parte de los cuales se puso Juan Sebastián.

> Mi único propósito siempre ha consistido en establecer una música religiosa regular para mayor gloria de Dios y para cumplir sus voluntades según la índole de mis medios. He querido perfeccionar sobre todo la de vuestra iglesia que, desde este punto de vista, sufre un cierto retraso con respecto a muchas aldeas de los alrededores. También he intentado contribuir a su bien sometiéndoos un proyecto de reparación del órgano, cosa que he considerado como un deber. No obstante, he tropezado con grandes dificultades y no parece que las cosas vayan a cambiar... En tales circunstancias plugo a Dios enviarme una posición inesperada que me facilitará una remuneración más acorde con mis servicios; podré trabajar incluso, sin que nadie me moleste, en el perfeccionamiento de la música de iglesia; así pues, he recibido la invitación de ocupar las funciones de músico de capilla y de cámara de Su Alteza Serenísima el duque de Sajonia-Weimar.

Para colmo, un incendio destruyó la cuarta parte de Mühlhausen en mayo de 1707. Así, el ambiente para el desarrollo musical de la iglesia fue menos favorable. Además, hay que tener en cuenta que Bach era muy ambicioso, tanto para mejorar su posición económica como para elevar su nivel social. Las dificultades de su niñez marcaron de esta forma su carácter.

Inicios de la música religiosa

En Mühlhausen, Bach enfocó su interés en componer música vocal religiosa, interés tal vez originado en las veladas musicales de Buxtehude y gracias a que la tradición vocal era mucho más rica que en Arnstadt. Las cantatas de Bach, incluso las primeras, son verdaderas obras maestras. *Gott ist mein König (Dios es mi rey, BWV 71)*, es tal vez la única cantata impresa durante la vida de Bach, y en ese momento todavía no se habían publicado obras de Telemann o Haendel, así que fue todo un triunfo para el joven de veintidós años. Las principales obras del período de Mühlhausen son la famosa *Tocata y fuga en re menor, BWV 565*, y el *Preludio y fuga en re mayor, BWV 532*. Otra obra maestra inscrita en este período es la *Passacaglia en do menor, BWV 582*. Fuera de *Gott ist mein König, BWV 71* para órgano, Bach compuso las siguientes cantatas en Mühlhausen, aunque no se excluye que hayan sido escritas en Arnstadt: *Aus der Tiefen (Desde lo profundo, BWV 131)*, que se dice fue la primera cantata de

Juan Sebastián Bach, al que Reger en cierta ocasión calificó de 'principio y fin de toda música' es considerado también en mi estudio como 'fin y principio'. Quiero decir con esto que Bach, en cuanto creador, supone el final de una época histórica en la música: la del barroco, e incluso más todavía: la síntesis de toda la música precedente. Pero además, Bach también puede ser considerado el origen de la música posterior y en rigor es clave para entender dicha música.

—GUNTHER RAMIN

Bach, también mencionada en relación con la catástrofe del incendio de 1707, y *Gottes Seit ist die allerbeste Seit (El tiempo de Dios es el tiempo mejor, "Actus Tragicus", BWV 106).* Algunas otras cantatas de este período se perdieron. Las de esta época poseen a menudo el estilo de motete del siglo XVII, y en ellas emplea los textos bíblicos y los coros de la mejor manera. No obstante, la forma es más variada que el estilo de recitativo más aria usado en Italia y desarrollado por Juan Sebastián en su siguiente período de Weimar. Éste fue el primer período en la obra compositiva de Bach.

Período de Weimar

En Weimar, una de las principales cortes del área, fue donde Bach incrementó su fama. Su traslado a esa ciudad, a 60 kilómetros al norte de Mühlhausen fue un paso significativo en su carrera, tanto financiera como profesionalmente. Ya había estado allí en 1703 como violinista. Esta ciudad era gobernada por el duque Wilhelm Ernst, luterano que apoyaba la música de corte, quien contrató a Bach como organista y miembro de la orquesta, y quien, asimismo, lo estimuló para que explotara sus talentos únicos de organista. Weimar también era gobernada por el sobrino de Wilhelm Ernst, llamado Ernst August. Esto le causaba problemas de lealtad a Juan Sebastián, porque se presentaban muchas tensiones, intrigas e incluso hostilidades abiertas entre las dos cortes. El hijo de este último, quien murió de sólo diecinueve años, era musicalmente dotado, y viajó a Amsterdam, de donde llevó una rica colección de música italiana. Bach realizó varias transcripciones para órgano, y en particular la colección de conciertos de Vivaldi *L'Estro Armonico* influyó profundamente en su estilo compositivo. De hecho, fue un momento decisivo en la evolución de Juan Sebastián. Desde entonces combinó su temprano estilo contrapuntístico y sus influencias del norte de Alemania y de Francia con el planteamiento armónico y el desarrollo temático de Vivaldi.

Bach, papá

Esta cantidad de funciones y trabajos de Bach como músico de la corte fue un acicate para desarrollar sus facultades en diversas áreas: aprendió a conocer todos los instrumentos, no sólo en su interpretación sino en su construcción, y se encontró con otra de sus pasiones, la de la enseñanza de la música, comenzando con sus propios hijos. Tenía sólo veintitrés años cuando nació su primera hija, Catherina Dorotea, en 1708, la cual no fue compositora como sus hermanos Wilhelm Friedemann (1710) y Carl Philipp Emmanuel (1714), quienes vinieron después de los mellizos fallecidos en 1713. Algunos tuvieron padrinos de la talla de Georg Philipp Telemann.

Bach siempre se preocupó por el mejoramiento de los órganos. En el período de 1708 a 1714 se concentró en la ejecución y composición para este instrumento, y la mayoría de sus obras principales de órgano pertenece a este período de Weimar. Aunque no se sabe muy bien sobre obras de otro género, recordemos la cantata de la caza, *Was mir behagt, ist nur die muntre Jagd (Mi único placer es la caza alegre, BWV 208)*, la primera cantata profana y también la primera en el nuevo estilo italiano con recitativos y arias *da capo*. En 1713 tuvo oportunidad de suceder a Friedrich Wilhelm Zachow, antiguo profesor de Haendel en la Liebfrauenkirsche de Halle. Allí dio un concierto de órgano y posiblemente ejecutó la cantata *Ich habe viel Bekümmernis (Tuve mucho dolor, BWV 21)*. También fue nombrado maestro de conciertos. En su nueva función debía escribir una cantata por mes (en Leipzig, más adelante, escribió una cantata semanal durante cierto tiempo). Fueron cerca de treinta cantatas escritas en el nuevo estilo italiano que había adoptado Bach en 1713. La mayoría de los textos los escribió Salomón Franck, bibliotecario de la corte y director de la colección numismática de Weimar. Otros autores de textos de cantatas de Bach, tanto de las de Weimar como de las de Leipzig, fueron Georg Christian Lehm y Erdmann Neumeister. Tal vez Bach no introdujo nuevas formas en las composiciones instrumentales, pero las enriqueció con los aportes de lo que aprendiera en su infancia y juventud. En cuanto a la parte vocal, sí la innovó insertando elementos de la ópera italiana en la música de iglesia.

"El famoso organista de Weimar"

La fama de Bach empezó a extenderse más allá de Weimar. Uno de los más importantes comentaristas de música, Johann Mattheson, se refería a él como "el famoso organista de Weimar". También existe la anécdota de la competencia con el virtuoso Louis Marchand, teclista de la corte de Francia. Según la leyenda, Bach viajó a Dresden en el otoño de 1717 para competir con él en el clavicémbalo, pero Marchand, impresionado con la reputación de Bach, nunca se presentó.

A pesar de todo, el trabajo en Weimar terminó de manera bastante dramática. Como Juan Sebastián era más afecto al corregente Ernst August, el otro duque, Wilhelm Ernst, le prohibió cualquier servicio musical para su rival. Bach se opuso tercamente y, al ser relegado, renunció. Por fortuna, el príncipe Leopoldo de Anhalt-Köthen le ofreció el cargo de maestro de capilla, pero Wilhelm Ernst no lo quiso dejar ir y lo retuvo por un mes.

En Weimar escribió más de veinte cantatas, una *pasión* que no se conserva, la mayoría de sus composiciones para órgano, preludios corales, preludios y fugas. Muchas composiciones para clave se iniciaron en Weimar (por ejemplo, parte del libro I de *El clave bien temperado*). La mayoría de las obras para orquesta y cámara de este período no sobrevivió, excepto tal vez en forma de adaptaciones posteriores, como los *Conciertos brandenburgueses 1 a 6*.

Bach en Köthen

Juan Sebastián Bach inició su nuevo trabajo de maestro de capilla de Köthen en diciembre de 1717. Dos años antes el joven Leopoldo había sucedido en el poder del principado a su madre Gisela Agnes, activa luterana en medio de esta corte calvinista. Ni el calvinismo ni la mamá impidieron a Leopoldo gastar casi un cuarto de sus entradas en su afición por tener una orquesta. Tocaba violín, viola de gamba y el clave, y adoraba reunir la orquesta para improvisaciones. Como la mamá no soportaba escucharla todo el tiempo en palacio, tenía que practicar en la casa de su amigo Juan Sebastián, quien recibió algún dinero extra por el inconveniente. A Bach le encantaba recibir dinero extra sin importar el motivo.

Aparte del repertorio orquestal, Bach escribió gran cantidad de música de cámara en Köthen. Entre las obras más destacadas de este género recordemos las suites inglesas y francesas para piano y los seis *Conciertos brandenburgueses* que le encargó el conde Christian de Brandenburgo en 1721, dos conciertos para violín, el *Doble concierto para dos violines* y la primera parte de *El clave bien temperado*.

Bach, viudo

En 1719, Bach realizó un corto viaje, y a su regreso se enteró de que su esposa Maria Barbara había fallecido después de una breve enfermedad y ya había sido enterrada. Su segunda esposa, Ana Magdalena, comenta lo siguiente:

> No estuvo casado con Maria Barbara más que trece años, y la pobre murió mientras él estaba de viaje con el príncipe Leopoldo de Anhalt-Köthen. Su hijo segundo, Manuel, a pesar de lo joven que era en aquella ocasión, no ha podido olvidar nunca el dolor de su padre cuando, a su regreso, encontró a sus hijitos huérfanos y a su mujer, la que había dejado feliz y sana, bajo la

tierra. ¡Pobre Barbara Bach, que tuvo que morir sin la despedida y la última mirada de Juan Sebastián!

Quedó con cuatro hijos: Catherina Dorotea (de doce años), Wilhelm Friedemann (de diez), Carl Philipp Emmanuel (de seis) y Johann Gottfried Bernhard (de cinco). Otros tres niños habían fallecido. Generalmente las biografías de Bach hablan del pobre compositor que necesitaba otra esposa para encargarse de los niños. También pintan a Bach como un "santo", como el quinto evangelista de la *Pasión según san Mateo*, y consideran a las mujeres como simples creadoras y cuidadoras de niños que tan sólo copian la música del Maestro y cantan y tocan algunas piezas fáciles. Pobre concepto de Bach y de la mujer. Bach, lo decíamos al comienzo, era una feliz combinación de Apolo y Dionisio, un hombre racional y metódico y, simultáneamente, un sibarita. Su esposa no era su esclava, sino su amiga y amante, su compañera en la música y en la vida. Igual o mejor tendría que ser su segunda esposa.

Tras su viudez intentó buscar otros campos, como Hamburgo. Allí tocó unas improvisaciones para Reinecken, ya de noventa y siete años, quien afirmó al escucharlo: "Creía que este arte había muerto hace mucho tiempo, pero ahora veo que vive en usted".

Bach vuelve a casarse

Bach se casó por segunda vez con Ana Magdalena Wülken, hija del trompetista de la corte de Weissenfels, soprano muy dotada, que incluso ganaba la mitad del salario de su enamorado maestro de capilla, diez y seis años mayor que ella. Trabajaron juntos por más de un año, hasta que finalmente se casaron el 3 de diciembre de 1721. ¿Cuándo y dónde comenzó el noviazgo? ¿Cómo se explica el resentimiento de los hijos del primer matrimonio, que la abandonaron completamente a la muerte de su padre en 1750? Aunque se dice que el primer matrimonio fue feliz, hay muchas más pruebas de la felicidad del segundo. ¿Qué opina Ana Magdalena? "No considero completamente felices más que a dos mujeres en toda Turingia: su prima Maria Barbara Bach, que fue su primera esposa, y yo misma, su segunda mujer. Nos quiso a las dos, pero a veces pienso, con una sonrisa, que a mí me quiso más; al menos es seguro que, por la bondad de la Providencia, me quiso durante más tiempo".

Amusa = antimúsica

El príncipe Leopoldo se motivó para casarse una semana después con su prima, la cual se convirtió en la más famosa *amusa* (persona antimúsica), que exigía más y más tributos para el ejército prusiano y menos para la música, lo que hizo disminuir la vida musical de Köthen. Además, los niños Bach necesitaban un mejor nivel educativo, por lo que Juan Sebastián empezó a buscar otro destino. Otras interpretaciones biográficas dicen que Bach quería escribir otra vez música vocal religiosa, y de ahí su interés por los empleos en Hamburgo y Leipzig. Algunos incluso asocian este interés por la

Iglesia a causa de la muerte de la primera esposa, pero realmente no hay pruebas de que ésta fuera su verdadera vocación. Aunque escribió bastante música de iglesia, su inspiración puramente instrumental fue mucho más constante y abarcó una parte más amplia de su vida. Lo más probable es que fuera de los intereses musicales intervinieran los factores económicos y de prestigio. Köthen representa así la cima de la música de cámara de Bach. Se sabe que también compuso en Weimar y Leipzig, pero mucha de ella se perdió. Fuera de los *Conciertos brandenburgueses*, escribió en Köthen las *Sonatas y partitas para violín solo, BWV 1001-1006*, y las *Suites para chelo, BWV 1007-1012*. Tradicionalmente se adscriben a este período los grandes conciertos para violín en la menor, *BWV 1041*, mi mayor, *BWV 1042*, y el *Doble concierto en re menor, BWV 1043*. Las piezas para clave del período Köthen se componen de la colección de 24 preludios y fugas del libro I de *El clave bien temperado, BWV 846-869*. Bach escribió, además, las dos partes de *Invenciones, BWV 772-786* y las tres partes de *Invenciones o Sinfonías, BWV 787-801*. Asimismo, las *Suites francesas, BWV 812-817* y, probablemente, las *Suites inglesas, BWV 806-811*.

Bach, el cantor de Leipzig

Georg Philipp Telemann, director musical de Hamburgo, fue elegido cantor de Leipzig en 1722, pues era el más famoso compositor de su época y el más opcionado para el cargo, pero prefirió quedarse en Hamburgo. Graupner, el segundo candidato, se vio también impedido, y así, tras medio año de estar vacante el cargo, Bach se animó a solicitarlo, y para optar a él presentó como prueba de sus aptitudes sus cantatas *Jesus nahm zu sich die Zwölfe (Jesús tomó consigo los doce, BWV 22)* y *Du wahrer Gott und Davids Sohn (Tú, verdadero Dios e hijo de David, BWV 23)*. Triunfó y firmó el contrato el 5 de mayo de 1723.

La escuela de Santo Tomás contaba con una tradición coral de siglos y en los tiempos de Bach representaba una especie de instituto de servicio musical que debía proveer a las cuatro principales iglesias de Leipzig de coros para los domingos y otras festividades cristianas. Existían cuatro iglesias, Santo Tomás, San Pedro, San Nicolás y la Nueva Iglesia. La más importante era la de San Nicolás, seguida de la de Santo Tomás. Así, pues, debían formarse cuatro coros de los 55 alumnos de la escuela. Cada coro tenía como mínimo ocho cantantes (dos sopranos, dos contraltos, dos tenores y dos bajos) y cuatro solistas. Los mejores cantantes se presentaban en las iglesias de Santo Tomás y San Nicolás (cantatas, pasiones, motetes), mientras que los muchachos sin talento debían cantar música menos ambiciosa en las otras iglesias. Los ensayos se efectuaban cuatro veces a la semana, pero muy a menudo no había tiempo para ellos. Bach trabajó más duro que nunca en estos años preparando buenos cantantes, y posiblemente escribió cinco ciclos anuales (por ejemplo, 5 x 59 cantatas). El primer ciclo anual de 1723-24 incluyó muchas de las obras de Weimar, pero para el segundo, 1724-25, Bach escribió casi una cantata por semana. Después de una breve interrupción en 1725, Bach compuso un tercer ciclo para los dos años siguientes. No se sabe exactamente cuándo escribió los dos restantes. Cerca de dos quintas partes de la producción de cantatas de Bach se perdió. Aparte de *Gott ist mein König, BWV 71,* ninguna otra cantata fue impresa en Leipzig. El fruto de las cantatas de Bach en estos años veinte es una de las explosiones creativas más sorprendentes de la historia de la música occidental, aun si se considera que los compositores del barroco fueron extremadamente productivos en general. Lo sorprendente de Bach, no obstante, es que si sus cantatas fueron el resultado de ciertas rutinas, muchas son obras maestras. Durante estos primeros años en Leipzig, Bach realizó la primera ejecución de la *Pasión según san Juan* (1724) y escribió el *Magnificat* y la *Pasión según san Mateo* (1727 o 1729).

No todo es color de rosa

La vida de Bach no estuvo exenta de la tragedia personal durante estos años: entre 1723 y 1737 Ana Magdalena tuvo al menos doce embarazos (con excepción de los años 1729, 1734 y 1736). Ocho de los doce niños murieron en edades que varían desde una hora hasta cinco años. De los cuatro niños restantes, uno fue discapacitado mental severo (Gottfried Heinrich). El último niño en 1742, cuando Ana Magdalena tenía cuarenta y un años y Juan Sebastián cincuenta y siete. La vida profesional de Bach tampoco era enteramente satisfactoria. Entre sus deberes oficiales estaba el de enseñar latín a los niños de la escuela y los ensayos de los coros. Bach no quería enseñar latín y tenía que pagar un remplazo de su propio bolsillo. No obstante, la escuela se volvió un caos al faltarle disciplina y contar con un bajo nivel musical debido al débil régimen disciplinario de su viejo rector de casi setenta años, Johann Heinrich Ernesti.

El salario oficial de Bach era sólo una cuarta parte del que tenía en Köthen, y él dependía mucho de sus ingresos extras provenientes de servicios musicales en funerales y bodas. En años "buenos", los coros de Santo Tomás tenían que cantar en un funeral por día, pero en su carta a Georg Erdmann (1730) Bach se quejaba de que debido al ambiente tranquilo su ingreso se reducía frecuentemente. Por último, se involucró en un creciente número de conflictos con muchas de las autoridades que habían tratado con él. Los problemas de este período inicial culminaron en un conflicto con la Universidad, que le disminuyó su trabajo en los viejos servicios religiosos y en los nuevos servicios dominicales, y se los asignó a otro organista. Después de una larga batalla se decidió que Bach podía considerarse legalmente director de música de la Universidad de Leipzig, pero que su prerrogativa tradicional de mayor responsabilidad sólo se extendía ahora a los servicios religiosos anteriores y no a los nuevos. Bach perdió interés en los servicios viejos y se los dejó a un asistente. Financieramente, Bach quedó muy afectado porque la Universidad no le comisionó más composiciones al cantor de Santo Tomás, quien perdió así una de sus fuentes de ingresos. Poco a poco Bach llegó a sentirse completamente insatisfecho con su posición, tanto financiera como en términos de facilidades musicales. Durante los últimos veinte años de su vida se dedicó más a otros proyectos musicales, comenzando en marzo de 1729 cuando asumió la dirección del Collegium Musicum (sociedad musical) de Leipzig.

Disminuyen las cantatas

Alrededor de 1730, la gigantesca producción de cantatas de Bach disminuyó por varias razones. Las circunstancias materiales para la música de iglesia eran menos que ideales, y los diversos conflictos habían aburrido a Bach de su función. En un memorando famoso al concejo municipal de Leipzig de 1730, Bach explicó sus agravios. Este documento es la mayor fuente de información sobre la práctica de ejecución de Bach y sus ideas sobre el tamaño deseado de coros y grupos instrumentales. En el mismo año, una carta reveló que Bach le había escrito a su amigo de infancia Georg Erdmann, quien vivía en Danzig como diplomático en el servicio ruso. En esta carta Bach se queja amargamente de sus desagradables circunstancias en Leipzig, y expresa serio interés en un cargo en Danzig. No obstante, nada de esto resultó.

Por fortuna, Bach había hallado también un nuevo desafío desde 1729, cuando tomó la dirección del Collegium Musicum, orquesta de estudiantes y algunos músicos profesionales fundada por Telemann en 1702. Con un breve receso entre 1737 y 1739, Bach asumió el liderazgo de esta sociedad hasta 1740.

Los conciertos se hacían semanalmente (los viernes por la noche) en la casa café de Zimmermann (dos veces por semana durante la Pascua y las fiestas de San Miguel). Con buen tiempo, durante el verano, los conciertos se hacían también en los jardines de Zimmermann, cerca de la universidad. En 1734-1735 Bach escribió su famosa *Cantata del café, BWV 211*, como una especie de comercial para Zimmermann.

Görner, rival de Bach, también tenía un *collegium musicum*, y, posteriormente, de las dos sociedades musicales surgió una nueva que llegó a ser la base de la posterior orquesta tradicional Gewandhaus. Ello puede verse como el inicio de la vida del concierto burgués.

El Collegium Musicum realizaba presentaciones regulares para invitados, y presumiblemente Bach tocaba sus propios conciertos de clavicémbalo con sus hijos Wilhelm Friedemann y Karl Philipp Emmanuel. Ahora se cree que la creación de música de cámara de Bach debió haber sido enorme durante estos años, y que la mayoría de estas obras se perdió por la forma infortunada como se manejó el legado de Bach después de su muerte. Otra consideración reciente es que muchos de los conciertos, incluyendo los famosos *Conciertos de violín en la menor, BWV 1041*, y *re menor, BWV 1043*, y también la *Obertura en si menor, BWV 1067*, surgieron de este período, y no de los años en Köthen, como se creía anteriormente.

Hasta 1735 todavía componía un pequeño número de cantatas de iglesia y oratorios, incluyendo la *Pasión según san Marcos* (1731), el *Oratorio de Navidad* (1734-1735), el

Grabado del compositor barroco y organista alemán Juan Sebastián Bach (1685-1750).
Circa 1722.

Arriba
El arte de la fabricación de órganos. Uno de ellos visto en perspectiva.
París, 1766-68.

Páginas anteriores
Casa de Eisenach en Turingia, ciudad natal del compositor Juan Sebastián Bach.
Circa 1955.

Derecha
Bach en Nápoles. Conservatorio de Tomsich,
1746.

Grabado de la ciudad de Leipzig, Alemania. Lugar donde Bach trabajó la mayor parte del tiempo y donde se encuentra su tumba.

Pintura de Elias Gottlieb Haussmann fechada en 1746 y donada por el mismo Bach a la Sociedad de las Ciencias Musicales, Museo Municipal de Alinari.

Oratorio de Pascua (1734) y el *Oratorio de la Ascensión* (1735), pero después de 1735 su producción de cantatas religiosas llegó a suspenderse casi totalmente (la mayoría de las obras apenas mencionadas eran parodias de cantatas profanas). La producción de cantatas profanas, no obstante, llegó al menos hasta 1742, el año de la *Cantata campesina, BWV 212*, la última de Bach con fecha conocida. Muchas de estas cantatas profanas fueron de homenaje o congratulatorias para personas importantes, u obras para ocasiones festivas especiales compuestas por Bach por solicitudes remuneradas. Realmente se había convertido en una especie de empresario capitalista burgués y en negociante de libros y música, y también se ocupaba de alquilar instrumentos musicales. En la década de 1740 vendió igualmente pianofortes Silbermann.

Mi madre solía citar a un maestro suyo del conservatorio, cuyo nombre lamento no recordar, porque debió ser uno de esos magníficos y anónimos profesionales que tanto contribuyeron a dar a Cataluña un nivel perfectamente europeo; el cual maestro estimaba que era casi inconcebible que un cerebro humano hubiera producido la *Fantasía cromática*. Al cabo de los años, suscribo tal opinión. Si no me equivoco, la *Fantasía* fue compuesta durante el período de Köthen, cuando ya Bach había revolucionado la escritura armónica con el primer libro de *El clave bien temperado*. Tal vez lo más sorprendente de la *Fantasía* sea el resplandor de un lenguaje de improvisación continua (que no volveremos a encontrar hasta Debussy), la armonía y el contrapunto, lo vertical y lo horizontal que entran en una nueva e imprevista interrelación, los cambios de tonalidad, el cromatismo del tema, el diseño diatónico del contratema. Resulta, efectivamente, inaudito que tal pieza haya sido compuesta en el primer cuarto del siglo XVIII. Los buenos burgueses alemanes no debieron entender gran cosa.

—SALVADOR PANIKER

A causa de las quejas de Bach hacia 1730, la situación de la escuela de Santo Tomás mejoró durante los primeros años, gracias al nuevo rector, Johann Mathias Gesner (1691-1761), quien había conocido a Bach desde Weimar y quien se incluía entre sus admiradores. Bach vivía en la escuela junto al rector.

A la hora de pelear...

En 1734 Gesner llegó a ser profesor de la Universidad de Göttingen y fue sucedido por un rector adjunto joven y ambicioso, Johann August Ernesti (1707-1781). Durante algunos años Bach tuvo buenas relaciones con él, porque Ernesti fue padrino de sus dos hijos, de August Abraham en 1733 y de Johann Kristian en 1735. Pero en la segunda mitad de la década de los treinta las cosas se salieron completamente de las manos de los dos hombres. Ernesti, tal vez inspirado en ciertos ideales de la Ilustración, deseó disminuir el papel de la música en la escuela de Santo Tomás y entró en conflicto con Bach. El rector y el cantor vivían en el mismo edificio ruidoso, el cual siempre estaba lleno de música; tal vez no podamos culpar a Ernesti de su creciente desagrado por la música. El conflicto culminó en una pelea acerca del derecho de designar prefectos líderes de los coros. Tradicionalmente había sido prerrogativa del cantor, y cuando Ernesti trató de arrogarse el papel del cantor en este aspecto, Bach se enfureció. El ilustrado Ernesti quiso despedir a un prefecto que había golpeado a un estudiante, lo que iba en contra de la voluntad de Bach. El desagradable conflicto se prolongó desde 1736 hasta 1738, cuando todos dejaron de hablar de lo sucedido, presumiblemente por orden de la corte sajona en Dresden (autoridad superior de Leipzig).

El punto crucial es que Bach había sido designado maestro de capilla de la corte y compositor de Dresden en 1736, sin obligaciones especiales, al servicio del elector de Sajonia Federico Augusto II (rey Augusto III de Polonia). Bach había solicitado este empleo en 1733 con una carta muy humilde, y bajo la sumisión de dos partes —*Kyrie* y *Gloria*— de la posterior *Misa en si menor*. Esta solicitud había sido preparada durante años por la escritura de cantatas congratulatorias y lisonjeras para los miembros de la familia real. En 1736, Bach finalmente triunfó, y se presume que con alguna ayuda del influyente conde Keyserling, gran admirador de Bach y quien fue retribuido más tarde con una dedicatoria de las *Variaciones Goldberg*.

En el plano local (Leipzig) parece que Bach había perdido a largo plazo la pelea sobre los prefectos, pero la interferencia de Dresden influyó para dar término al conflicto. Con un suministro suficiente de cantatas de iglesia desde 1720 y con la aparente protección de la corte de Dresden, Bach gastó sólo la mínima energía en su función de cantor y se refugió más y más en una especie de "autorretiro" para dedicarse a proyectos de su propia escogencia, particularmente su ciclo de obras instrumentales monotemáticas de sus años posteriores.

Los hijos se emancipan

Mientras tanto, los hijos mayores de Bach habían dejado la casa. Wilhelm Friedemann se había convertido en organista en la Sophienkirche en 1733, y Karl Philipp Emmanuel se hizo estudiante en Francfort en 1734 (en 1738 llegó a ser músico de la corte del príncipe Federico II de Prusia y lo siguió a Postdam en 1740, cuando éste se convirtió en el rey Federico, el Grande). El hijo de Bach, Johann Gottfried Bernhard, llegó a ser organista de Mühlhausen en 1735. Dejó la ciudad un año después con deudas, se volvió organista de Sangerhausen, pero tuvo que huir de nuevo de sus acreedores. Pasó a ser estudiante en Jena, donde repentinamente murió en 1739, a los veinticuatro años. Los esfuerzos de Bach respecto a su hijo forman uno de los más trágicos episodios de su vida durante estos años.

En conjunto, Bach se había emancipado más o menos con éxito de un pasado turingio casi medieval, y había llegado a ser un burgués ligeramente emprendedor con hijos universitarios (las hijas nunca recibieron una educación similar de su padre machista).

Bach piensa en la posteridad

Tal vez inspirado en el hecho de que la nueva generación de Bach producía músicos profesionales dotados, Juan Sebastián empezó una genealogía familiar bajo el nombre de *Ursprung des musicalisch-Bachischen Familie*, la cual remontó la tradición de la familia al siglo XVI. En general, vemos a Bach durante estos años con una clara autoconciencia y un crecido interés acerca de su posición en la historia. Esto también surge de sus revisiones constantes del trabajo anterior y de sus esfuerzos para conseguir que se publicara su obra. Bach ha-

bía estado publicando sus partitas de teclado desde 1726, y en
1731 la colección total de seis se publicó como *Klavier-Übung
(Ejercicios para clave,* parte I, *BWV 825-830).* Le siguió la
Klavier-Übung (parte II) en 1735 —*Concierto italiano, BWV
971,* y *Obertura francesa en si menor, BWV 831*—. La
Klavier-Übung (parte III) fue publicada en 1739. Contiene
las obras de órgano BWV 552, 669-689, 802-805.

Bach, profesor

Bach también se convirtió en el centro del círculo de un creciente número de estudiantes, algunos de los cuales manifesta-
ban diferentes intereses históricos y teóricos. Ello condujo a
una especie de reflexión histórica que tuvo una profunda influencia en el último período creativo de Bach, iniciado hacia
1735. Por otra parte, Bach fue atacado en 1737 por su antiguo alumno Johann Adolph Scheibe y acusado de un estilo
de composición anticuado, antinatural y sobreaprendido.
Contra este ataque, Bach fue defendido elocuentemente por
su vocero Johann Abraham Birnbaum, de la Universidad de
Leipzig. A pesar de ello, Bach experimentó cierta influencia
del nuevo estilo galante reflejado en sus últimas obras.

Dresden

Desde 1733 la conexión Dresden adquirió mucha importancia para Bach. En contraste con el estancamiento vivido en
Leipzig, Dresden gozaba de un ambiente musical muy vivo,

con gran cantidad de músicos interesantes, como Pisendel, el violinista y gran promotor de Vivaldi, el virtuoso flautista francés Buffardin y el director de música eclesiástica de la corte de Sajonia Jan Dismas Zelenka, promotor del estilo de Palestrina. La ópera era dirigida por un amigo de Bach y prolífico compositor para el teatro, Johann Adolf Hasse, quien escribió más de 60 óperas y estaba casado con la famosa soprano Faustina Bordoni. Todas estas personas eran admiradoras de Bach, e hicieron más fácil para él un contacto personal regular con Dresden. La conexión Dresden fue, en general, muy importante para el nuevo estilo de Bach, el cual incorporó elementos de la nueva moda galante y el estilo *antico* (estricto contrapunto viejo en el estilo de Palestrina). Las conexiones italianas de los músicos de Dresden eran presumiblemente instrumentales en el conocimiento de Bach con estos nuevos elementos estilísticos.

Berlín

En la última década de la vida de Bach todos estos intereses fueron profundizados y extendidos, bajo su influencia, a muchos estudiantes teóricamente dotados y bajo el impulso de su creciente conexión con Berlín. El hijo de Bach, Karl Philipp Emmanuel, había llegado allí en 1738 como músico de la corte, y, obviamente, Postdam y Berlín fueron el futuro del mundo de habla germana, ambos en términos de poder y de cultura.

La primera vez que Bach estuvo en Berlín fue en 1719, cuando compró el gran clavecín Mietke para la corte de Köthen. Con Karl Philipp Emmanuel en Berlín, se convirtió en un visitante más o menos regular de esta ciudad. Estuvo en Berlín en 1741, cuando Ana Magdalena se enfermó seriamente durante un tiempo, como sabemos por la correspondencia del primo segundo de Bach, Johann Elias Bach, quien formaba parte de la casa de Bach entre 1737 y 1742, y quien actuó como secretario de Bach y tutor musical de los niños menores. Sus cartas conforman una importante fuente de información sobre la familia de Bach durante estos años.

Se presume que Juan Sebastián estuvo también en Berlín en 1745, cuando Leipzig fue sitiada temporalmente por Prusia durante la segunda guerra silesiana entre Austria y Prusia (Sajonia era un aliado de Austria). Pero la visita más famosa a Berlín es la que hizo en mayo de 1747 con su hijo Wilhelm Friedemann. Fue recibido en la casa de gobierno, en Postdam, por Federico II (rey Federico el Grande de Prusia), quien era un entusiasta músico aficionado e intérprete de la flauta. Bach ensayó todos los órganos de Postdam y los pianofortes Silbermann del palacio. La visita culminó con la solicitud del rey a Bach de elaborar un tema musical, entregado por él. Bach improvisó sobre el tema, pero le prometió al rey que haría algo más sofisticado en casa y lo tendría grabado e impreso. De esto resultó la *Ofrenda musical*, BWV 1079, grabada por el anterior alumno de Bach y grabador en Zella, Johann Georg Schübler. La dedicatoria al rey fue impresa en Leipzig por Bernhardt Christof Breitkopf.

A propósito, observemos que la relación de Bach con Federico el Grande de Prusia le da, política y moralmente, algún aliciente mental. Bach no era un ciudadano arbitrario para el maestro de capilla y compositor de la corte del elector de Sajonia, quien había sido defendido por Prusia en la segunda guerra de Silesia. Se tiene la impresión de que Bach tenía un ojo agudo para la dirección que la historia contemporánea había tomado y dónde se encontraba el futuro, en términos de poder e influencia. De alguna forma, entonces, la oportuna visita de Bach a Postdam en 1747 fue el último paso importante de una carrera bien planeada.

El estilo galante

Algunas partes de la *Ofrenda musical* mostraron de nuevo cierta influencia del nuevo estilo galante. Esta influencia es evidente también en las *Variaciones Goldberg*, que aparecieron en 1742 como *Klavier-Uebung* (parte IV), comisionadas por el conde Keyserling para su intérprete de clavecín y antiguo alumno de Bach, Johann Gottrieb Goldberg, y su hijo Friedemann. Algunas características de este nuevo estilo son una estructura polifónica menos densa y el énfasis en una parte principal (melodía), una estructura de frase más bien arreglada y regular (temas de dieciséis medidas, divididas en dos partes de ocho, etc.), y un ritmo armónico más lento, usual en el viejo estilo barroco. Aún más, es común en este estilo usar ritmos de danza popular y canciones folclóricas, como la Quodlibet en el final de las *Variaciones Goldberg*. Pueden encontrarse elementos similares en la *Cantata campesina, BWV 212*, de 1742, y también los *Seis corales*

Schübler, BWV 645-650 muestran ciertas influencias del nuevo estilo. Éstos son algunos de los ejemplos del hecho de que Bach estaba provisto de nuevos desarrollos y que no dudó en incorporarlos a sus propias composiciones.

Innovador y conservador

Bach no se ocupaba solamente con el estilo del futuro, sino, como ya se mencionó, aún más con el estilo *antico*, el estricto contrapunto de compositores como Palestrina. La preocupación de Bach por el estilo *antico* es más obvia en su *Misa en si menor, BWV 232,* pero en otras grandes composiciones "enciclopédicas" de su último período mostró una preocupación relacionada con el estricto contrapunto y la forma de canon. Esto es válido para las *Variaciones Goldberg,* pero también para las *Variaciones canónicas Vom Himmenlhoch da komm'ich her, BWV 769* (1747 o 1748), la más prominente de todas en el *Arte de la fuga, BWV 1080,* una obra iniciada alrededor de 1740 y no terminada todavía cuando Bach murió en 1750 (fue publicada en 1751). También los preludios y fugas coleccionados como *El clave bien temperado* II (concluido en el inicio de la década de los cuarenta) muestran cierta influencia del estilo *antico*.

Bach, cumbre del período barroco

En el pasado, la obra de Bach fue juzgada frecuentemente como el punto de culminación de un desarrollo de siglos, como el punto terminal del período polifónico en la historia de la música. La moderna erudición de Bach, no obstante, también tiende a resaltar el preclásico, elementos "progresivos" en las últimas obras de Bach y aun su preocupación con el estilo *antico* puede verse como un elemento que apunta al futuro más bien que al pasado. La nueva dimensión histórica de Bach creció en conexión con su gran círculo de estudiantes dotados teórica e históricamente como Lorenz Mizler, el fundador de la sociedad Musikalischen Wissenschaften y el traductor de *Gradus ad Parnassum* de Fux (1725). Bach era el dueño de la versión latina original, un trabajo que analiza el viejo estilo de contrapunto de Palestrina en profundidad. Algo tenía que ver con el creciente entusiasmo en este período por la antigüedad y aun por cosas "góticas", como las cultivadas en la era romántica en camino. En 1747, Bach se hizo el miembro catorce de la sociedad Mizler para la cual él debía someter una composición —las mencionadas *Variaciones canónicas, BWV 769*—. También cada miembro tenía que someter un retrato. El que Bach usó para la ocasión fue el famoso retrato de Haussmann de 1746.

Ciego al final de su vida

Bach terminó su gran *Misa en si menor* en 1749. Probablemente, ya no era activo en su función de cantor porque las autoridades de Leipzig iniciaron el proceso de atraer un nuevo cantor (*Gottlobharrer*). Al final de su vida Bach estaba prácticamente ciego debido a cataratas. A comienzos de 1750, fue tratado sin éxito por el oculista británico Taylor y más tarde, ese mismo año, murió el 28 de julio. De acuerdo con interpretaciones médicas recientes de los síntomas de Bach en el último período de su vida, probablemente sufrió y murió de diabetes mellitus.

Triste final

Así, tras una vida no exenta de sufrimientos, como la temprana orfandad, los problemas económicos, la pérdida de varios de sus hijos a edades muy tempranas, el fallecimiento de su primera esposa, los ambientes adversos, la incomprensión de sus contemporáneos, ciego y enfermo, Bach falleció a los setenta y cinco años y fue sepultado en la fosa común. La mayor gloria de la música fue considerado como un organista y un teórico musical, más que como un compositor. Se necesitaron 75 años para que el músico Félix Mendelssohn, de veinte años en ese momento, lo rescatara, presentando las *Pasiones*.

Las posesiones y el legado de Bach se dividieron entre su esposa e hijos, no sin dificultades, porque por alguna razón Juan Sebastián no hizo testamento. Los hijos del primer matrimonio no hicieron mucho por su madrastra Ana Magdalena, y sus propios hijos aún eran muy niños. Nadie sabe la razón de esa negligencia. Ella murió el 27 de febrero de 1760 y tuvo un funeral muy pobre.

Los hijos compositores

De los veinte hijos que tuvo Bach con sus dos esposas, Maria Barbara y Ana Magdalena, varios de ellos fueron notables músicos y compositores. De su primer matrimonio tenemos a Wilhelm Friedemann y Carl Philipp Emmanuel.

Wilhelm Friedemann, nacido en 1710, fue organista de la iglesia de Santa Sofía de Dresden hasta 1746, cuando pasó a ser organista y cantor de la iglesia de Nuestra Señora de Halle, donde debió escribir cantatas, como su padre. Allí se involucró en conflictos y renunció en 1764, sin encontrar otro empleo. En 1770 fue a Brunswick y cuatro años después a Berlín. Trató de hacer su vida como un virtuoso organista viajero, pero no tuvo éxito en lograr una existencia estable y gratificante. Sobrevivió en Berlín gracias al apoyo financiero de su alumna Sara Itzig Levi, quien era la hija del ministro de finanzas de Federico el Grande y tía abuela de Félix Mendelssohn. Fue muy famoso como organista y no muy exitoso como compositor, aunque se obstinaba frecuentemente en publicar sus brillantes improvisaciones. Murió en circunstancias lamentables en 1784.

Carl Philipp Emmanuel, nacido en 1714, tuvo una carrera más estable. Permaneció en la corte de Postdam hasta 1766, cuando sucedió a Telemann como director musical de Hamburgo. Como su hermano mayor, fue un virtuoso clavecinista que ahora debía escribir cantatas. Le fue mejor como compositor que como intérprete. Trabajó bajo autoridades más comprensivas y civilizadas que su padre, y murió en Hamburgo en 1788.

Por parte de Ana Magdalena, dos de sus hijos fueron músicos exitosos y también compositores:

Johann Christoph Friedrich, nacido en 1732, llegó a ser músico de cámara del conde Von Schaumburg-Lippe en la corte de Bueckeburg, donde permaneció hasta su muerte en 1795.

Johann Christian (hijo menor de Bach, nacido en 1735), llegó a ser muy famoso. Fue a Italia gracias a un amorío con una cantante italiana. Como Giovanni Bach, encontró al inevitable padre Martín en Boloña (conocido de la biografía de Mozart) y llegó a ser organista del domo en Milán. Después de una estadía exitosa y breve como compositor de ópera en Nápoles, regresó a Milán. Su siguiente destino fue Londres, donde tuvo mucho éxito como compositor de óperas y músico de cámara. En 1764, entró en contacto con el visitante Mozart y tuvo una influencia directa y duradera sobre el joven genio. A pesar de estos triunfos iniciales, su música pasó de moda. Johann Christian se desvió hacia el alcoholismo, contrajo deudas considerables y murió a los cuarenta y seis años (en 1782), antes que sus hermanos mayores Friedemann y Emmanuel.

De las cuatro hijas restantes de Bach, Elisabeth Juliane Friederica (*Liesgen*) se casó con el alumno de Bach, Johann Christoph Altnickol, en 1749. Las otras tres hijas no encontraron un marido ni recibieron la educación adecuada para valerse por sí mismas de una manera satisfactoria.

Obra

Juan Sebastián Bach compuso más de mil obras, además de las que se perdieron. A continuación vamos a referirnos a algunas, agrupadas por instrumento o características especiales que permitan una unificación global, como son las escritas para órgano, clavecín, instrumentos monódicos solistas y conjuntos de varios instrumentos.

Órgano

Bach, músico de iglesia, escribió durante toda su vida para el órgano, y, de hecho, al morir se lo conocía más como organista que como compositor. Sus obras destinadas a otros instrumentos datan, en su mayoría, de su estancia en Köthen (1717-1723), donde debía componer para los conciertos de la corte.

La obra de órgano de Juan Sebastián tiene dos manifestaciones: una "decorativa" y otra litúrgica. En la primera categoría entran los preludios y fugas, tocatas y fugas, pasacalles y fugas, fantasías y fugas. Estas obras, de gran virtuosismo, podían ser interpretadas en el templo, al principio o al final del servicio, pero no tenían función litúrgica.

En Bach el preludio no es ninguna improvisación, como se acostumbraba anteriormente, ni compuesto como tocata o fantasía, como se acostumbraba entonces. Por el contrario, ofrece una fuerte estructura rítmica.

Las fugas son sumamente variadas, tanto en los temas como en la propia estructura. La forma "fuga" no estaba fijada en ese momento y su codificación es posterior a Bach. Esta forma, surgida del *ricercare* o del capricho sobre un solo tema, se funda en el principio de expansión continua de un tema unitario, propio de la música barroca. El desarrollo de la obra incluye retornos de la exposición en diversas tonalidades, sin ninguna regla fija, interrumpidos por breves divertimentos. No existen, por tanto, dos fugas idénticas en Bach, como tampoco en otros compositores de su época. Muchos las consideran, en este sentido, como los modelos más acabados de esta forma.

Existen también otras piezas no litúrgicas que muestran al profesor que estaba latente en Bach. Por ejemplo, las *Seis sonatas en trío* fueron escritas en Köthen para ejercitar los dedos de su hijo Friedemann, y posiblemente fueron concebidas para el clavecín con pedales. Estas sonatas, construidas en tres movimientos (allegro-adagio-allegro), confían a los teclados manuales la dirección de dos voces melódicas sostenidas en los pedales por un bajo. Son una muestra más de la originalidad del compositor, que adapta al teclado una forma hasta entonces reservada a la música de cámara.

Bach es también autor de más de 150 corales, que constituyen su obra litúrgica para órgano. En ellas aborda alternativamente todas las formas de tratar el coral. La forma más simple, el "preludio coral", aparece en el *Pequeño libro de órgano*, donde se recogen 45 corales que abarcan todo el año litúrgico. Concebidas para la formación del organista principiante, estas piezas representan simultáneamente un ejercicio técnico y la propuesta de un modelo de composición de corales. Toda la estrofa del coral aparece presentada en diversas disposiciones (en canon, en *cantus firmus* en el pedal o en la parte superior, en melodía adornada). El acompañamiento se pliega a un esquema rítmico único para cada coral. Nunca es mero sostén armónico o trabajo de contrapunto, sino que ilustra el texto del coral.

Los *Corales de Leipzig* y los *Corales del dogma* (enmarcados por el *Preludio* y la *Triple fuga en mi bemol mayor*) más desarrollados, pueden adoptar la forma de coral *ricercare* construido en secciones, de coral fantasía, de coral adornado, de coral fugado, etc. Por último, algunas obras de juventud agrupan variaciones sobre temas de coral, reunidas en partitas o en *suites*.

Clavecín

La obra instrumental de Bach es tan extensa como la vocal; además de sus piezas para órgano, sus numerosas composiciones para clavecín y clavicordio responden al interés de Alemania en este tiempo por la música para teclado. El *Capricho sobre la partida del hermano bien amado*, obra de juventud compuesta a los veintiún años, continúa la tradición de las sonatas descriptivas. Sin embargo, en obras posteriores (suites francesas, suites inglesas y partitas) ya se aprecia la originalidad de Bach. Sus danzas explotan el contrapunto y el espíritu concertante. Las invenciones, piezas didácticas breves, trabajan el estilo fugado con dos o tres voces, de gran belleza melódica.

Los preludios y fugas de *El clave bien temperado*, compuestos dentro del mismo espíritu, traducen perfectamente el deseo de experimentación de Bach y su afán por explorar todo tipo de posibilidades. Las veinticuatro fugas de esta recopilación reúnen prácticamente todas las posibilidades de escritura sobre un tema central. *El clave bien temperado* constituye uno de los grupos más conocidos de obras de Bach. ¿Por qué? Veamos. El clave, clavecín o clavicémbalo es uno de los instrumentos de teclado predecesor del piano, muy utilizado por Bach y, en general, por los compositores barrocos. Y *temperado, ¿*qué significa? Aquí debemos remitirnos a la física, concretamente a la acústica. En acústica el *temperamento* es el sistema que divide el intervalo de octava en un determinado número de sonidos de distinta altura. Más exactamente, el temperamento se refiere a la división de la octava (do, re, mi, fa, sol, la, si, do) en doce semitonos. El antiguo temperamento era desigual, pues se adaptaba a la acústica más que a la música, y el moderno era igual: do, do sostenido = re bemol, re, re sostenido = mi bemol, mi, fa, fa sostenido = sol bemol, sol, sol sostenido = si bemol, si. En la antigüedad la vibración sonora era ligeramente distinta entre sostenidos y bemoles; por ejemplo, un do sostenido no era exactamente igual a un re bemol, como lo encontramos hoy día en los instrumentos de teclado con las teclas blancas para las notas puras y las negras para sostenidos y bemoles, o sea los semitonos. Si se respetaran estas sutiles diferencias no tendríamos doce sonidos sumando los siete naturales y los cinco alterados de la escala diatónica, sino que se necesitarían teclas (y dedos) para veintiún sonidos diferentes. Este trabajo de unificación fue el que perfeccionó Bach y lo plasmó en sus dos partes del libro *El clave bien temperado*: el primero, escrito en 1722, y el segundo, veintidós años después. Cada libro comprende veinticuatro fugas precedidas de preludios y dispuestas en escala cromática ascendente. Albert Schweitzer comentó sobre *El clave bien temperado*: "El efecto impresionante que produce esta obra no es causado por su forma, ni por la estructura de sus piezas, sino por el concepto del mundo que en ellas se refleja... Ninguna obra mejor que *El clave bien temperado* nos revela tan patentemente el hecho de que Bach entendía el arte como una religión".

Estas piezas no representan sólo el triunfo del contrapunto. Bach utiliza en ellas una escritura decididamente tonal (lo que no sucede siempre en sus piezas para órgano) que muestra las leyes de la armonía clásica fielmente aplicadas.

Por el contrario, las *Variaciones Goldberg* llevan a su cima el arte de la combinatoria. Esta obra, que conforma el cuarto volumen de los *Ejercicios para clave,* es el *Aria con treinta variaciones*, más conocida como *Variaciones Goldberg, BWV 998*. No estaban dedicadas a ningún señor Goldberg, sino al conde Hermann de Keyserling, quien padecía de insomnio y le pidió a uno de los alumnos de Bach, de apellido Goldberg, que le tocara el clavecín en un cuarto vecino para entretener su falta de sueño. Así las cosas, el conde le solicitó a Juan

Sebastián que escribiera algunas piezas con tal fin, y surgió una obra de las más difíciles y hermosas para clave.

Instrumento solista

En su obra para instrumentos monódicos solos (flauta, violín, violonchelo), Bach es muy exquisito. Las tres sonatas y las tres partitas para violín solista explotan todas las posibilidades del instrumento y logran llegar a una polifonía extremadamente compleja que jamás pretende hacer gala de virtuosismo. Las tres sonatas, todas del tipo *da chiesa*, forman una fuga para tres voces en el segundo movimiento, y la célebre chacona de la *Partita en re menor* también utiliza con profusión la polifonía.

Las seis suites para violonchelo que Bach escribió en Köthen ofrecen todas las posibilidades para el intérprete. Bach no realiza innovaciones, pero al escribir para un instrumento, cuyo uso como solista es relativamente nuevo, explota todas sus posibilidades interpretativas, tanto en la melodía, como en el aspecto de la polifonía. Nos hemos detenido en estas obras para instrumento solista porque, a pesar de las limitaciones sonoras características de cada instrumento, Bach aprovecha para mostrarnos toda su capacidad creadora.

Conjuntos instrumentales

Las cuatro suites para orquesta de Bach podrían clasificarse dentro del género "concierto de orquesta". Por otra parte, los *Conciertos brandenburgueses* constituyen, tal vez, la obra de Bach más conforme con el espíritu de la época. Estos *concerti grossi*, cortesanos y llenos de alegría comunicativa, fueron compuestos en Köthen en honor del margrave de Brandenburgo. Su orquestación es variada en extremo: en el primero, el segundo y el cuarto aparecen varios vientos (trompeta en re, oboes, fagot, flauta); el tercero está concebido exclusivamente para cuerdas, divididas en tres coros; el quinto incluye tres solistas, violín, flauta y clavecín y se destaca por una larga cadencia. El sexto ofrece la orquestación más original: dos *alti*, dos violas de gamba, violonchelo y clavecín. En esta elección, Bach se muestra muy adelantado a su tiempo: no se apoya en la técnica o en la estilística del violín, sino que destaca el color suave y dulce característico del instrumento utilizando sus registros grave y medio y explorando tonalidades sombrías, ricas en bemoles. Por otra parte, refuerza la impresión de delicadeza del conjunto uniendo a los dos violines solistas las violas de gamba, cuyo timbre suave y expresivo representa para Bach un símbolo de espiritualidad. Este interés por destacar el carácter específico del alto no volverá a encontrarse antes de principios del siglo XIX.

Dos obras cumbres

En el crepúsculo de su vida, Bach cierra su inmensa obra instrumental con dos composiciones que representan otras tantas cimas de la escritura contrapuntística: la *Ofrenda musical* y el *Arte de la fuga*. La *Ofrenda musical* está elaborada sobre un tema propuesto por Federico II de Prusia en 1747. Dos *ricercari*, posiblemente concebidos para teclado, enmarcan dos grupos de cinco cánones separados por una admirable sonata en trío, escrita para flauta, violín y bajo continuo. En esta obra Bach aborda las formas más complejas: canon-espejo, canon en aumento, en movimiento contrario, canon que recorre un ciclo de modulaciones y cada tono en su totalidad, y otras combinaciones que a menudo resultan bastante difíciles de descubrir en estas composiciones típicamente barrocas, donde Bach se vuelve hacia la tradición medieval, que tiene al contrapunto como tarea de iniciados, no accesible a todos los oídos.

El mismo tipo de búsqueda se realiza en *El arte de la fuga*, obra inacabada. Cada una de las variaciones sobre el tema único que preside el conjunto ofrece distintos tipos de fugas: fuga con aumento o disminución del tema, fuga con respuesta del tema invertido, doble o triple fuga, fuga espejo. Nunca se había llegado a tal refinamiento en el arte del contrapunto; sin embargo, la escritura nunca se vuelve mecánica, sino llena de sentimiento, sólo posible en alguien como Bach, que combina a la perfección lo racional y lo que apunta a la creación estética.

En una época caracterizada por el estilo galante, la austeridad y la espiritualidad de la música instrumental de Bach, éste recibió una acogida poco favorable por parte del público. Ligado a la Edad Media por lo complicado de su escritura, moderno por su intención didáctica, su predilección por lo sistemático y la codificación, Bach había ido demasiado lejos para que nadie pudiera continuar sus exploraciones contrapuntísticas. Después de Bach, todo parece dicho. Con él concluye el período barroco y los compositores posteriores deberán encontrar un nuevo estilo. Aunque su obra cayó en parte en el olvido, ejerció una influencia profunda en los clásicos vieneses y en los primeros compositores románticos, y actualmente nos sigue influyendo a todos.

Catálogo

Entre 1946 y 1950 el doctor Wolfgang Schmieder realizó un listado sistemático de las obras de Bach, según las formas musicales. Asignó un número BWV (Bach Werk Verzeichnis, que traduce "catálogo de las obras de Bach") a cada producción, y su idea fue tan exitosa que muchas de las obras de Bach se conocen ahora no sólo por su título, sino también por su número BWV. Este catálogo tiene 750 páginas. Para resumir, dicho catálogo se dividió en partes de acuerdo con las formas musicales y sus números BWV relacionados, así:

Cantatas: BWV 1-224

Motetes: BWV 225-231

Misas y magnificats: BWV 232-243

Pasiones y oratorios: BWV 244-249

Corales: BWV 250-438

Canciones y arias: BWV 439-524

Obras para órgano: BWV 525-771

Obras para teclado: BWV 772-994

Obras para laúd: BWV 995-1000

Música de cámara: BWV 1001-1040

Conciertos: BWV 1041-1065

Oberturas, sinfonías: BWV 1066-1071

Cánones: BWV 1072-1078

Ofrenda musical: BWV 1079

El arte de la fuga: BWV 1080

Obras más importantes

Arte de la fuga (para instrumentos sin especificar).

Ofrenda musical (para instrumentos sin especificar).

Misa en si menor (vocal e instrumental).

Pasión según san Mateo y *Pasión según san Juan* (vocal e instrumental).

Variaciones Goldberg (para piano).

Conciertos brandenburgueses (para orquesta).

El clave bien temperado (48 preludios y fugas para piano).

Tocata, adagio y fuga en do mayor (para órgano).

Cantatas religiosas y profanas, para distintas fechas de fiestas fijas y movibles (Navidad, Pentecostés, Trinidad, Reforma, Pascua), para voces y orquesta.

Magnificat (música coral).

Oratorio de Navidad y *Oratorio de Pascua* (para voces y orquesta).

Suites francesas e inglesas (para piano).

Chacona (sonata para violín).

Partita Núm. 3 (sonata para violín).

Suites para chelo.

Partitas para piano.

Preludio y fuga en mi menor y en re mayor (para órgano).

46 preludios corales para órgano.

Segundo libro de Ana Magdalena Bach (para piano).

Coral la caída de Adán.

Otras obras destacadas

Para orquesta:

Suites:
　Núm. 2, en si menor.
　Núm. 3, en re mayor.
　Aria de la suite en re.
Piano:
　En re menor.
　En fa menor.
Dos pianos:
　En do mayor.
　En do menor.
Tres pianos:
　En do mayor.
Cuatro pianos:
　En la menor (Op. 3, de Vivaldi).
Violín:
　En la menor.
　En mi mayor.
Dos violines:
　En re menor.
Violín y oboe:
　En do menor.
Piano, flauta y violín:
　En la menor.

Música de cámara:

Sonatas (1717-1722):
Violín:
    Núm. 1, en sol menor.
    Núm. 2, en si menor (partita núm. 1).
    Núm. 3, en la menor.
    Núm. 4, en re mayor (partita núm. 2).
    Chacona núm. 5, en do mayor.
    Chacona núm. 6, en mi mayor (partita núm. 3).
    Preludio.
Flauta y piano:
    Núm. 1, en si menor.
    Núm. 4, en do mayor.
    Núm. 5, en mi menor.
Viola de gamba y piano:
    Núm. 1, en sol mayor.
    Núm. 2, en re mayor.
    Núm. 3, en sol menor.
Violín y piano:
    Seis sonatas.
Flauta, violín y bajo:
    En sol mayor.
Violonchelo:
    Seis suites (sonatas).
    Núm. 3, en do mayor.
    Núm. 6, en re mayor.

Para piano:

Fantasía cromática y fuga, en re menor (1720).

Ejercicios para clave:

Seis partitas:

Núm. 1, en si bemol mayor (1726).

Núm. 2, en do menor (1727).

Núm. 5, en sol mayor (1730).

Núm. 6, en mi menor (1730).

Concierto italiano, en fa mayor (1735).

Obertura francesa, en si menor (1735).

Preludio y fuga, en mi bemol mayor.

Cuatro dúos (1739).

Fantasía, en do menor (1738).

Fantasía y fuga, en la menor.

Fuga, en la menor.

Invenciones (1723), treinta piezas para piano.

Seis suites inglesas.

Seis suites francesas (1722).

Tocata, en re mayor.

El clave bien temperado, 48 preludios y fugas.

Libro I (1722).

Libro II (1744).

Para órgano:

Preludio del órgano (1716).

46 preludios corales.

Conciertos (según Vivaldi):

Núm. 2, en la menor.

Núm. 5, en re menor.

Fantasías y fugas:

En do menor.

En sol menor (1720).

Fugas:

En sol mayor, a la giga.

En sol menor (la pequeña en sol menor).

Passacaglia y fuga, en do menor.

Preludios y fugas:

En la menor.

En do mayor.

En mi menor (la pequeña en mi menor).

En mi bemol mayor.

Sonatas:

Núm. 1, en mi bemol mayor.

Núm. 5, en do mayor.

Toccatas y fugas:

En do mayor (tocata, adagio y fuga).

En re menor.

Música vocal:

Cantatas de iglesia:

Núm. 4, Cristo yacía en los lazos de la muerte.

Núm. 22, Jesús tomó consigo a los doce.

Núm. 29, Dios, te agradecemos.

Núm. 68, Así es como Dios amó el mundo.

Núm. 106, El tiempo de Dios es el mejor tiempo.

Núm. 140, Despertaos, nos grita la voz.

Núm. 147, Corazón, boca, acción y vida.

Núm. 156, Permanezco con un pie en la tumba.

Cantatas profanas:

Núm. 201, Apuraos, vientos tormentosos.

Núm. 205, Romped, pulverizad, anulad la tumba.

Núm. 208, Mi único placer es la cacería alegre.

Núm. 211, Guardad silencio, no parloteéis (Cantata del café).

Núm. 212, Se ha ganado un nuevo chambelán (Cantata campesina).

Corales:

En dulce júbilo

Núms. 217-224, siete motetes.

Núms. 233-236, cuatro misas breves.

Núm. 246, Pasión según San Lucas.

Núm. 247, Pasión según San Marcos (perdida).

Núms. 250-438, 169 corales para cuatro voces.

Núms. 439-507, 69 canciones espirituales de recogimiento.

Núms. 508-518, canciones y arias para el segundo libro de Ana Magdalena.

Misa:

En la mayor.

Bibliografía

Boyd, Malcolm, *Bach,* Salvat, Barcelona, 1986.

El mundo de la música, Espasa-Calpe, Barcelona, 1962.

Enciclopedia Salvat de la música, tomo I, Salvat, Barcelona, 1967.

Gómez López, Arturo, *Manual de orientación musical,* 3ª edición, vol. III, Ministerio de Gobierno, Bogotá, 1965.

Historia de la música, Espasa-Calpe, Barcelona, 2001.

Luc-André, Marcel, *Bach,* Editions du Seuil, París, 1966.

Pardo Tovar, Andrés, *El clave bien temperado de Juan Sebastián Bach*, Ministerio de Educación, Bogotá, 1961.

Neunzig, Hans A., *Una nueva música europea,* Internationes, Bonn, 1985.

Schönberg, Harold, *The Life of the Great Composers*, Futura, Londres, 1982.

Turina, Joaquín, *Enciclopedia abreviada de la música*, Biblioteca Nueva, Madrid, 1996.

Wolf, Christoph *et al.*, *Los Bach,* Muchnik Editores, Barcelona, 1985.

Discografía recomendada

Discos compactos de la edición *Bach 2000*, del sello Teldec, incluye la obra completa del compositor en 153 discos.

Bach Meisterwerke —Obras maestras de Bach— del sello Deutsche Gramophone, contiene veintiséis discos compactos con las principales obras de Bach.

SUMARIO

Este libro se terminó de imprimir en el mes de octubre
del 2004 en los talleres de Panamericana Formas e Impresos S.A.
En su composición se utilizaron tipos
Sabon, Bodoni Poster y Akzidens Grotesk
de la casa Adobe.